Dipl. Oec. Sabrina Richartz | Dr. Karl-Georg Mothes

Das erste xlim Kochbuch

2. Auflage

Da die erste Auflage schon nach wenigen Monaten vergriffen war, erfolgt schon jetzt eine zweite Auflage.

Dabei wurden zahlreiche neue Anregungen umgesetzt. So wurden zusätzliche Rezepte für vegetarische und vegane Gerichte aufgenommen. Die inzwischen vom xlim Ernährungs-Beratungs-Team deutlich erweiterten xlim Shake-Rezepte wurden aufgrund ihres Umfanges ausgegliedert. Sie sind im „Ersten xlim Shakebuch" zusammengefasst und ab Mai im Handel erhältlich.

Die im „Ersten xlim Kochbuch" aufgeführten Rezepte zeichnen sich dreifach aus:

- die Zutaten sind überall zu günstigen Preisen erhältlich
- die Zubereitung ist einfach und wenig zeitaufwendig
- die Speisen schmecken gut und machen satt

Inhaltsverzeichnis

Vorwort

Liebe Leserin, lieber Leser,
in einer Zeit, die von Hektik, Stress und Überforderung geprägt ist, nehmen sich viele nicht mehr die Zeit, um für eine gesunde Ernährung zu sorgen. Es fehlt ihnen meist die Zeit gesunde Mischkost-Mahlzeiten zuzubereiten und diese dann in Ruhe essen zu können. Da alles immer schneller gehen muss, greifen zunehmend mehr Menschen, insbesondere Berufstätige, zu industriell hergestellten Fast Food Gerichten und süßen Zwischenmahlzeiten. Diese enthalten dann zwar kaum noch essentielle Vitalstoffe, dafür aber umso mehr Zucker. So stellt sich meist schon nach kurzer Zeit erneut Hunger ein. Sie sind dann den ganzen Tag lang hungrig, obwohl sie ständig viele Kalorien zu sich nehmen. Als Folge leiden zunehmend mehr Menschen, besonders in Deutschland, an Übergewicht, Diabetes, erhöhten Blutfett- und Blutdruck-Werten, Herz-Kreislaufbeschwerden, rheumatischen Erkrankungen, Allergien, Stimmungsschwankungen und Krebs. Daher steigt aktuell mit zunehmender Lebenserwartung die Sterblichkeit überproportional an.

Um der weltweiten Zunahme von Übergewicht und Diabetes durch den wachsenden Zuckerkonsum zu begegnen, hat jetzt die WHO (Weltgesundheitsorganisation) reagiert und die Richtwerte für den Zuckerkonsum drastisch gesenkt (Ärzte Zeitung 6.3.2014).

Mit dem „Ersten xlim Kochbuch" möchten wir Ihnen jetzt einen neuen Weg aufzeigen, wie Sie unter den gegebenen persönlichen Umständen, durch das selbstbestimmte xlim Gewichtsmanagement-Programm mit Zuckerbremse, Ihren Körper entsprechend Ihren eigenen Vorstellungen gestalten und sich ohne größeren Aufwand dauerhaft gesund ernähren können.

Viele Abnehmwillige haben sich immer wieder die Frage gestellt: „Was kann ich tun, um dauerhaft abzunehmen?" Bisher konnten wir diesen oft verzweifelten Menschen nur raten, auf ihre Ernährung zu achten und für ausreichend Bewegung zu sorgen. Doch dies hatten die meisten schon mehrfach ohne Erfolg versucht. Dank des neuen selbstbestimmten xlim Gewichtsmanagement-Programms mit Zuckerbremse steht Ihnen ein wissenschaftlich fundiertes Gewichtsmanagement-Programm zur Verfügung, das einfach zu handhaben ist, das schmeckt und nachweislich funktioniert. Damit diese neue Problemlösung möglichst viele für sich nutzen können, zeigen wir in diesem Buch, wie Ihnen das selbstbestimmte xlim Gewichtsmanagement-Programm mit Zuckerbremse persönlich helfen kann, Ihren Körper nach Ihren eigenen Vorstellungen zu formen.

Dazu stehen Ihnen eine Vielzahl von leckeren Rezepten in Kombination mit den bewährten xlim Ernährungs-Prinzipien, den xlim Tipps und Tricks und das auf wissenschaftlicher Grundlage entwickelte selbstbestimmte xlim Gewichtsmanagement-Programm mit Zuckerbremse zur Verfügung. Die im Rahmen des selbstbestimmten xlim Gewichtsmanagement-Programm mit Zuckerbremse empfohlenen xlim Produkte erhalten Sie exklusiv in allen deutschen Apotheken. In den speziellen xlim Aktions-Apotheken erhalten Sie zusätzlich durch die vom xlim Ernährungs-Beratungs-Team kontinuierlich geschulten Apotheken-Mitarbeiter eine begleitende individuelle xlim Ernährungs-Beratung (siehe S. 10,11).

Das „Erste xlim Kochbuch" kann Ihnen mit vielen kalorienarmen und ausgewogenen Rezepten helfen, sich mit Genuss dauerhaft in Form zu bringen. Nach wie vor gilt auch heute die bekannte Weisheit:

„Der Mensch ist was er isst!"

Wir wünschen Ihnen Gesundheit, Erfolg und viel Freude und Genuss mit dem „Ersten xlim Kochbuch".

Sabrina Richartz

Dr. Karl-Georg Mothes

xlim® ... bringt in Form!

Das selbstbestimmte Gewichtsmanagement-Programm mit Zuckerbremse!

Das selbstbestimmte xlim Gewichtsmanagement-Programm mit Zuckerbremse

Wir möchten Ihnen zeigen, wie Sie durch das selbstbestimmte xlim Gewichtsmanagement-Programm mit Zuckerbremse die Ursache für Gewichtsprobleme, den wachsenden Zuckerkonsum, beseitigen und sich anschließend kalorienbewusst und gesund ernähren können. Mit dem selbstbestimmten xlim Gewichtsmanagement-Programm mit Zuckerbremse können Sie jetzt entsprechend Ihren eigenen Vorstellungen und Wünschen Ihren Körper dauerhaft gestalten. Auf Basis der unterschiedlichen xlim Rezepte können Sie sich auf einfache Weise und wenig zeitaufwendig leckere Mischkost-Mahlzeiten zubereiten, die funktionieren, satt machen und Ihnen helfen, Ihr Wunschgewicht zu erreichen und dauerhaft zu bewahren. Sie können so auch beim Abnehmen das Essen genießen.

Warum fiel es bisher so schwer dauerhaft abzunehmen? Die Hauptursache liegt darin, dass die besondere Rolle des Zuckers wenig Berücksichtigung fand. Hinzu kommt, dass aufgrund einseitiger niedrigkalorischer Ernährung nicht alle Vitalstoffe, die der Körper benötigt, aufgenommen werden, so dass der Stoffwechsel auf Sparflamme läuft und es zum Verlust der Muskelmasse kommt. Als Folge kommt es regelmäßig im Anschluss an eine solche Diät, d. h. wenn man wieder isst wie vor der Diät, zu einem **„Jo-Jo-Effekt“.** Dieser macht nicht nur die Gewichtsabnahme wieder rückgängig, sondern packt noch ein paar Kilos auf die ursprüngliche Figur drauf.

Wie die neuesten Forschungsergebnisse gezeigt haben, ist eine dauerhafte Gewichtsreduktion ohne Zuckerbremse unmöglich. Solange der Körper auf seine umfangreichen Zucker-Depots zurückgreifen kann, kommt der Abbau der Fett-Depots zu kurz. Das heißt, dass Sie zuerst die Zucker-Depots, insbesondere in der Leber - dem Zentralorgan unseres Stoffwechsels - abbauen müssen, bevor es zu einem Abbau der Fett-Depots und zu einer Verbesserung Ihrer Figur kommen kann. Um die gute Figur dauerhaft zu erhalten, sollten Sie langfristig auf Ihre Ernährung achten und dafür sorgen, dass Sie nur 3 Mahlzeiten pro Tag im Abstand von 4-6 Stunden zu sich nehmen und auf Zwischenmahlzeiten, insbesondere Süßigkeiten verzichten.

Im Rahmen der speziellen xlim Apotheken-Aktionstage in den xlim Aktions-Apotheken führt das xlim Ernährungs-Beratungs-Team individuelle Körperanalysen und xlim Ernährungs-Beratungen durch. Zusätzlich erhalten die xlim Apotheken-Kunden die Möglichkeit die xlim Produkte zu einem Aktions-Sonderpreis zu erwerben.

Um den langfristigen Erfolg dieses selbstbestimmten xlim Gewichtsmanagement-Programms mit Zuckerbremse sicherzustellen, erfolgt zuerst eine dreitägige Start-Phase, in der der Stoffwechsel aktiv umgestellt wird, um die Zuckerreserven aus der Leber zu entfernen und die Fettverbrennung anzukurbeln. Hierzu werden 3 Mahlzeiten durch xlim Aktiv Mahlzeiten ersetzt. Um eventuellen Hungerattacken vorzubeugen können Sie morgens und mittags je 2 xlim Aktiv Sättigungskapseln und abends ein xlim Aktiv Heißgetränk verzehren.

In der sich anschließenden Abnehm-Phase wird dann kontinuierlich vermehrt Fett verbrannt und dabei die Muskelmasse geschont. Es werden nur noch 2 Mahlzeiten durch xlim Aktiv Mahlzeiten ersetzt. Als 3. Mahlzeit verzehren Sie eine kalorienreduzierte Mischkost-Mahlzeit, für die Ihnen zahlreiche xlim Rezepte zur Verfügung stehen. Zusätzlich können Sie auch in der Abnehm-Phase durch die Einnahme von je 2 xlim Aktiv Sättigungskapseln morgens und mittags sowie eines xlim Aktiv Heißgetränks abends eventuellen Hungerattacken vorbeugen.

In der darauf folgenden Gewichtsmanagement-Phase wird der Stoffwechsel auf optimalem Niveau gehalten. Sie verzehren 2 kalorienreduzierte Mischkost-Mahlzeiten und eine xlim Aktiv Mahlzeit. Natürlich können Sie die Reihenfolge der Mahlzeiten an Ihren persönlichen Tagesablauf anpassen. Die Dauer der einzelnen Phasen richtet sich nach Ihrem Abnehmziel.

Anschließend essen Sie dann wieder „normal". Die xlim Rezepte des „Ersten xlim Kochbuches" können Ihnen helfen Ihr Wunschgewicht dauerhaft zu bewahren. Eine sinnvolle Ergänzung bieten die xli.m Aktiv 130 Stoffwechselkapseln, mit denen Sie den Fett- und Kohlenhydrat-Stoffwechsel dauerhaft aktivieren können.

Um aktiviert in den Tag zu starten haben sich xlim Aktiv Mahlzeit Shakes mit 10 g Pulver zusätzlich zum Frühstück bewährt. Sollten Sie einmal gesündigt haben, so können Sie dies durch den Ersatz von einigen Mahlzeiten durch xlim Aktiv Mahlzeit in Form von Shakes, Riegeln oder Suppen in den darauffolgenden Tagen schnell wieder ausgleichen. Die xlim Ernährungs-Prinzipien und die xlim Tipps und Tricks (siehe S. 20 und 22) sind wertvolle Hilfen, um Ihre Wunschfigur dauerhaft zu stabilisieren.

Mit Hilfe des selbstbestimmten xlim Gewichtsmanagement-Programms mit Zuckerbremse können Sie die Gefahr einer Zuckersucht und deren negativen Folgen für Ihre Gesundheit, wie z. B. erhöhte Blutzucker-, Blutfett- und Blutdruck-Werte und deren schädliche Auswirkungen auf Ihr Gefäß- und Herz-Kreislauf-System, erfolgreich bannen. Sie können gemäß Ihren persönlichen Vorlieben selbstbestimmt schneller oder langsamer abnehmen und mit Hilfe der xlim Rezepte einfache und geschmackvolle Gerichte zubereiten. So können Sie Ihr Wunschgewicht zuverlässig und auf angenehme Weise erreichen, Ihre täglichen Mahlzeiten genießen und sich rundum wohl fühlen. Die positive Motivation, die Sie durch den Blick in den Spiegel und auf die Waage erhalten, ist zusätzlich ein ganz wichtiger Erfolgs-Faktor.

Das xlim Apotheken-Konzept

Das selbstbestimmte xlim Gewichtsmanagement-Programm mit Zuckerbremse bietet Ihnen spezielle Nährstoff-Kombinationen und Rezepte für leckere Mischkost-Mahlzeiten zusammen mit einer begleitenden individuellen xlim Ernährungs-Beratung in den xlim Aktions-Apotheken an. Die Apotheken-Mitarbeiter der xlim Aktions-Apotheken werden durch das xlim Ernährungs-Beratungs-Team, einem Stab von erfahrenen diplomierten Ernährungs-Beraterinnen kontinuierlich über die neuesten Erkenntnisse der Ernährungswissenschaften und das xlim Produkt-Programm informiert.

Die Praxis hat gezeigt, dass eine effektive langfristige Gewichtsabnahme nur durch eine entsprechende Ernährungsumstellung mit begleitender individueller Ernährungs-Beratung möglich ist. Deshalb schult unser xlim Ernährungs-Beratungs-Team nicht nur in regelmäßigen Abständen die Mitarbeiter der xlim Aktions-Apotheken, sondern führt an den xlim Apotheken-Aktionstagen selbst individuelle Ernährungs-Beratungen für unsere xlim Apotheken-Kunden durch.

xlim Apotheken-Kunden, die nicht zu den xlim Apotheken-Aktionstagen ihrer Apotheke kommen können, wird eine individuelle telefonische Beratung durch die für die jeweilige xlim Aktions-Apotheke zuständige xlim Ernährungs-Beraterin oder über die xlim Ernährungs-Beratungs-Hotline in Hennef angeboten. Damit ist gewährleistet, dass xlim Apotheken-Kunden jederzeit fachlichen Rat einholen können und im Rahmen des selbstbestimmten xlim Gewichtsmanagement-Programms mit Zuckerbremse begleitend individuell beraten werden.

Wir haben uns für diese intensive Fachbetreuung entschieden, weil für uns der langfristige Erfolg unserer xlim Apotheken-Kunden höchste Priorität hat.

Wir fühlen uns allen unseren xlim Apotheken-Kunden verpflichtet, weil wir nur erfolgreich sein können, wenn jeder in der Lage ist, mit Hilfe des selbstbestimmten xlim Gewichtsmanagement-Programms mit Zuckerbremse sein Gewicht entsprechend den persönlichen Vorstellungen und Möglichkeiten dauerhaft kontrollieren zu können.

Das bisher in Umfang und Qualität einmalige xlim Produkt- und Apotheken-Service-Programm hat dazu geführt, dass in kurzer Zeit schon weit über 1.000 xlim Aktions-Apotheken existieren und das xlim Ernährungs-Beratungs-Team im Rahmen der xlim Apotheken-Aktionstage über 200.000 Apotheken-Kunden individuell beraten konnte. Zusätzlich wurden mehr als 20.000 Körperanalysen durchgeführt und über 400.000 Warenproben an interessierte Apotheken-Kunden abgegeben. Häufig nehmen xlim Apotheken-Kunden, die mit dem selbstbestimmten xlim Gewichtsmanagement-Programm mit Zuckerbremse erfolgreich abgenommen haben, größere Anfahrten in Kauf, um uns zu

xlim® ... bringt in Form!
xlim®
... bringt in Form!

berichten wie froh sie darüber sind, mit xlim endlich etwas gefunden zu haben, das schmeckt und funktioniert und das sie in ihrem Bekanntenkreis empfehlen können.

Immer mehr Apotheken, die von ihren Apotheken-Kunden auf xlim angesprochen wurden, nutzen die xlim Ernährungs-Beratungs-Hotline, um ihr Interesse an einer Zusammenarbeit zu bekunden.

Das xlim Ernährungs-Beratungs-Team

Die vom xlim Ernährungs-Beratungs-Team bisher durchgeführten über 20.000 individuellen xlim Ernährungs-Beratungen im Rahmen von über 1.000 xlim Apotheken-Aktionstagen in den xlim Aktions-Apotheken haben gezeigt, wie groß das Bedürfnis nach begleitender individueller Ernährungs-Beratung in deutschen Apotheken ist.

Um die bisher mit dem selbstbestimmten xlim Gewichtsmanagement-Programm mit Zuckerbremse gemachten Erfahrungen einem größeren Apotheken-Kundenkreis zugänglich zu machen, haben wir die praktischen Erfahrungen des xlim Ernährungs-Beratungs-Teams in die zweite Auflage des „Ersten xlim Kochbuchs“ und in das „Erste xlim Shakebuch“ aufgenommen.

Alle Apotheken-Kunden, die an einer individuellen xlim Ernährungs-Beratung interessiert sind, können auf der xlim Homepage **www.xlim.de** über den Apothekenfinder xlim Aktions-Apotheken in ihrer Nähe ermitteln und sehen, ob hier in nächster Zeit xlim Apotheken-Aktionstage durchgeführt werden. Zusätzlich können sie auch über die xlim Ernährungs-Beratungs-Hotline xlim Apotheken-Aktionstage erfragen, an denen sie eine kostenlose individuelle xlim-Ernährungs-Beratung erhalten können oder einen telefonischen Beratungstermin vereinbaren: 0800 - 30 33 400.

Was zeichnet das selbstbestimmte xlim Gewichtsmanagement-Programm mit Zuckerbremse besonders aus?

Beim selbstbestimmten xlim Gewichtsmanagement-Programm mit Zuckerbremse können Sie nach Ihren ganz persönlichen Vorstellungen Ihr Gewicht bestimmen. Sie können gut und geschmackvoll essen, sich rundum wohl und satt fühlen, erfolgreich abnehmen und anschließend Ihr Wunschgewicht dauerhaft halten. Sie versorgen Ihren Körper mit allen wertvollen Nährstoffen, die Sie benötigen, um sich von Kopf bis Fuß wohl zu fühlen. Da Sie sich im Rahmen des selbstbestimmten xlim Gewichtsmanagement-Programms mit Zuckerbremse auch einmal einen Restaurant-Besuch gönnen können, kommt es nicht zu dem bekannten Diät-Frust.

Ein ganz wesentlicher Schlüssel für ein dauerhaft gutes Körpergewicht ist Ihr täglicher Zuckerkonsum. Leider nimmt der unbewusste Zuckerkonsum ständig zu, da immer mehr Lebensmittel immer mehr Zucker enthalten. Schon unsere Kinder werden mit besonders süßen Lebensmitteln angefixt. Das auf Zucker programmierte Gehirn verlangt dann nach immer mehr Zucker. Dadurch kommt es zu einer erhöhten Insulinausschüttung. Dieses Hormon ruft Heißhunger hervor, der wiederum nach mehr Süßem verlangt. Als Folge kommt es zu einer erneuten Steigerung des Insulin-Spiegels im Blut. Ein erhöhter Insulin-Spiegel macht nicht nur hungrig, sondern bremst zusätzlich den Fettabbau und trägt so doppelt zu einer unerwünschten Gewichtszunahme bei. Um Ihr Körpergewicht wirksam zu reduzieren bzw. langfristig kontrollieren zu können, muss dieser Teufelskreis unbedingt durchbrochen werden. Erst wenn die Zucker-Programmierung des Gehirns gelöscht ist, ist der Weg frei für eine dauerhafte Gewichtskontrolle. Das selbstbestimmte xlim Gewichtsmanagement-Programm mit Zuckerbremse ist daher der perfekte Einstieg zur Erreichung und Bewahrung Ihres Wunschgewichtes.

Das selbstbestimmte xlim Gewichtsmanagement-Programm mit Zuckerbremse zeichnet sich auch dadurch aus, dass Sie in nur drei Phasen Ihr Gewichtsziel erreichen und dauerhaft halten können.

In der Start-Phase werden mit Hilfe des selbstbestimmten xlim Gewichtsmanagement-Programms mit Zuckerbremse durch spezielle Kombination wertvoller Proteine, Vitamine, Mineral- und Ballaststoffe bei geringer Kalorienzufuhr die Zuckerreserven in der Leber geleert und der Stoffwechsel aktiv umgestellt und angekurbelt. Durch den Ersatz von drei Mahlzeiten durch xlim Aktiv Mahlzeiten wird Ihr Stoffwechsel intensiv aktiviert, so dass die Zuckerreserven aufgebraucht und die Zucker-Programmierung des Gehirns gelöst werden kann. Als Folge wird das Verlangen nach Süßem und dadurch die Kalorienaufnahme verringert und gleichzeitig der Fettabbau erhöht, da der Körper dann nicht mehr auf seine Zucker-Depots zurückgreifen kann und so gezwungen ist, seine Fett-Depots abzubauen.

In der Abnehm-Phase, in der zwei Mahlzeiten durch xlim Aktiv Mahlzeiten ersetzt werden, wird dann die Stoffwechsel-Aktivierung bei verringerter Kalorienzufuhr so weit erhöht, das aktiv vermehrt Fett verbrannt, dabei aber die Muskelmasse verschont wird. Es kommt so zu einer kontinuierlichen Gewichtsabnahme.

In der Gewichtsmanagement-Phase, in der nur noch eine Mahlzeit durch eine xlim Aktiv Mahlzeit ersetzt wird, wird der Stoffwechsel auf optimalem Niveau gehalten. Zu den anderen beiden Mahlzeiten werden kalorienarme Mischkost-Mahlzeiten eingenommen, die den xlim Ernährungs-Prinzipien entsprechen (siehe xlim Rezepte). In dieser Phase wird das erreichte Gewicht stabilisiert.

Durch die zusätzliche Einnahme von je 2 xlim Aktiv Sättigungskapseln morgens und mittags und eines xlim Aktiv Heißgetränks abends können Sie eventuellen Hungerattacken wirkungsvoll begegnen.

Zur Erhaltung Ihres Wunschgewichtes ist es wichtig, dass Sie Ihre Ernährung entsprechend den xlim Ernährungs-Prinzipien langfristig umstellen. Dabei reicht es erfahrungsgemäß nicht aus, Ihre Ernährung nur nach Kalorien und gesunden Nährstoffen auszurichten. Essen ist immer auch ein sinnlicher Genuss und trägt zu unserem Wohlbefinden bei. Angenehmer Geschmack, verführerische Düfte, wohlige Konsistenz sowie stimulierende Formen und Farben verwöhnen unsere Sinne. Eine geschmackvolle und gesunde Mahlzeit macht uns nicht nur satt, sondern verleiht uns ein Gefühl tiefer Befriedigung und sinnlichen Wohlbefindens. Der besondere Vorteil des selbstbestimmten xlim Gewichtsmanagement-Programms mit Zuckerbremse besteht darin, dass Sie jederzeit frohen Mutes Ihr Essen genießen können.

Anschließend können Sie durch die regelmäßige zusätzliche Einnahme von xli.m Aktiv 130 Stoffwechselkapseln Ihren Stoffwechsel, insbesondere den Fett- und Kohlenhydrat-Stoffwechsel, dauerhaft aktivieren.

Um Ihnen nicht nur zu helfen auf sehr angenehme Weise Ihr Wunschgewicht zu erreichen, sondern auch längerfristig zu halten, gilt es, sich angemessen zu ernähren und nicht in alte Fehler zurückzufallen. Dabei kann Ihnen dieses „Erste xlim Kochbuch“ mit seinen abwechslungsreichen Rezepten helfen. Sie finden hier zahlreiche unterschiedliche Rezepte für geschmackvolle, preiswerte und mit geringem Zeitaufwand zuzubereitende Speisen für Frühstück, Hauptgerichte, Suppen sowie für leichte Gerichte, die mit Beilagen kombiniert werden können. Alle xlim Rezepte wurden vom xlim Ernährungs-Beratungs-Team, erfahrenen Ernährungs-Beraterinnen zusammengestellt und verköstigt. Bei der Auswahl der Gerichte wurde Wert darauf gelegt, dass Sie die notwendigen Zutaten überall in Deutschland frisch und preiswert einkaufen können. Das xlim Ernährungs-Beratungs-Team steht Ihnen auch im Rahmen der xlim Apotheken-Aktionstage persönlich für eine individuelle xlim Ernährungs-Beratung oder auch über die xlim Ernährungs-Beratungs-Hotline für eine telefonische Beratung zur Verfügung (0800-30 33 400).

Das selbstbestimmte xlim Gewichtsmanagement-Programm mit Zuckerbremse ist jedem zu empfehlen, egal ob er nur wenige Kilos abnehmen will, damit die Kleider bzw. der Bikini wieder passen, oder um deutlich mehr abzunehmen, um die Gesundheit zu unterstützen.

Warum funktioniert das selbstbestimmte xlim Gewichtsmanagement-Programm mit Zuckerbremse?

Das selbstbestimmte xlim Gewichtsmanagement-Programm mit Zuckerbremse ist das Ergebnis langjähriger Ernährungsforschung und wird exklusiv nur in Apotheken angeboten. Es besteht aus xlim Aktiv Mahlzeiten, xlim Aktiv Sättigungskapseln und dem xlim Aktiv Heißgetränk, die optimal aufeinander abgestimmt sind. Die darüber hinaus angebotenen xli.m Aktiv 130 Stoffwechselkapseln sind eine sinnvolle Ergänzung.

Die xlim Aktiv Mahlzeiten wurden auf Basis wissenschaftlicher Erkenntnisse eines langjährigen Forschungs-Projektes an übergewichtigen Diabetikern, in enger Zusammenarbeit mit anerkannten Ernährungswissenschaftlern, Medizinern und Nahrungsherstellern entwickelt und getestet. Bei den xlim Aktiv Mahlzeiten handelt es sich um vollständige Ersatz-Mahlzeiten nach §14 a der Diätverordnung. Sie enthalten alle notwendigen Nährstoffe, so dass Sie nichts mehr hinzufügen müssen. Sie schmecken sehr gut und werden in den Geschmacksrichtungen Vanille, Schoko, Tomate, Kartoffel und als Vanille-Riegel für Frauen und Männer, sowie auch als sojafreie und lactosefreie Variante als Pulver in Dosen und/oder praktischen Portionsbeuteln zur Zubereitung von Mahlzeiten Shakes bzw. einer herzhaft-pikanten Tomaten-Suppe oder einer herzhaften Kartoffel-Suppe angeboten. Die xlim Aktiv Mahlzeiten optimieren den Stoffwechsel, bauen effektiv überschüssige Fettpolster ab, erhalten die Muskelmasse, schmecken alle sehr gut und sind besonders preisgünstig pro Portion.

Die xlim Aktiv Sättigungskapseln mit dem pflanzlichen Ballaststoff der Konjakwurzel haben ihre besondere Wirksamkeit und gute Verträglichkeit in zahlreichen internationalen Studien unter Beweis gestellt und ergänzen in vorzüglicher Weise die xlim Aktiv Mahlzeiten. Sie tragen im Rahmen einer kalorienarmen Ernährung zum Gewichtsverlust bei. Die Gewicht reduzierende Wirkung wurde von der EFSA (Europäische Behörde für Lebensmittelsicherheit) bestätigt.

Das xlim Aktiv Heißgetränk wurde gezielt von Ernährungswissenschaftlern als herzhaft-würziges, sättigendes und kalorienarmes Heißgetränk entwickelt, das das Verlangen nach Süßem bremst und Hungergefühlen vorbeugt. Die xli.m Aktiv 130 Stoffwechselkapseln sorgen zusätzlich dafür, dass Ihr Fett- und Kohlenhydrat-Stoffwechsel dauerhaft aktiviert bleibt.

Im Rahmen des selbstbestimmten xlim Gewichtsmanagement-Programms mit Zuckerbremse sorgen die xlim Produkte dafür, dass der Stoffwechsel kontinuierlich angeregt und die Zucker-Programmierung des Gehirns gelöscht wird. So können Sie schnell und dauerhaft abnehmen, ohne zu hungern. Die xlim Rezepte sorgen dafür, dass der Genuss während des selbstbestimmten xlim Gewichtsmanagement-Programms mit Zuckerbremse nicht zu kurz kommt, Sie Ihre Mahlzeiten genießen können und sich auch beim Abnehmen rundum wohl fühlen.

Die spezielle Zusammensetzung, die hohe Qualität der verwendeten Nährstoffe, die abgestimmte Dosis und die große Auswahl an unterschiedlichen Geschmacksrichtungen und Formen der xlim Produkte garantieren den einzigartigen Erfolg und ermöglichen die einfache Handhabung des selbstbestimmten xlim Gewichtsmanagement-Programms mit Zuckerbremse.

Warum können Sie mit dem selbstbestimmten xlim Gewichtsmanagement-Programm mit Zuckerbremse Ihr Wunschgewicht dauerhaft behalten?

Die beim selbstbestimmten xlim Gewichtsmanagement-Programm mit Zuckerbremse eingesetzten xlim Aktiv Mahlzeiten vereinfachen die Gewichtskontrolle, weil sie ein ausgewogenes Verhältnis von Eiweiß, Kohlenhydraten und Ballaststoffen enthalten und lange satt machen. Durch sie werden ganze Mahlzeiten ersetzt und so die bisher gewohnte Ernährungsweise durch eine bessere und gesündere bilanzierte Ernährung ersetzt. Die xlim Produkte wirken also durch das, was sie ersetzen, wie z. B. zu viel Zucker und Fett, was so in der täglichen Ernährung weggelassen und reduziert werden kann. Die durch das positive Zusammenspiel der eingesetzten xlim Produkte erreichte intensive Aktivierung des Stoffwechsels leert die Zucker-Reserven in der Leber, so dass sich der Körper anschließend die Fett-Depots zur Deckung seines Energiebedarfs vornehmen muss. Durch den reduzierten Zucker-Reiz ist es dann in der Folgezeit deutlich leichter, das erreichte Gewicht dauerhaft zu halten. Sollte sich dennoch durch eine überhöhte Nahrungszufuhr eine leichte Gewichtszunahme einstellen, lässt sich diese durch ein zweiwöchiges selbstbestimmtes xlim Gewichtsmanagement-Programm mit Zuckerbremse (14-Tage-Programm s. Umschlag) beheben.

Warum macht die einzigartige Zusammensetzung der xlim Produkte den Erfolg aus?

Die xlim Aktiv Mahlzeiten enthalten Nährstoff-Kombinationen aus biologischen, gentechnikfreien, hochwertigen Soja- und Molken-Proteinen, Vital- und Ballaststoffen in Verbindung mit der leichten Süße der Stevia-Pflanze und sorgen für eine intensive Aktivierung des Stoffwechsels. So werden die Zuckerreserven in der Leber beseitigt und die Fettverbrennung angekurbelt. Als Folge kann der Körper nicht mehr auf die leicht zugänglichen Zuckerreserven zurückgreifen und muss die Fettreserven abbauen. xlim Aktiv Mahlzeiten wirken sowohl als Turbostarter als auch als Dauerbrenner, die im Stoffwechselfeuer die Fett-Depots dahinschmelzen lässt, auch in der Nacht und ohne zusätzliche körperliche Aktivität. Dabei bleibt die mühsam aufgebaute Muskelmasse, die am meisten zur Fettverbrennung beiträgt, verschont. Die lang anhaltende sättigende Wirkung wird durch die xlim Aktiv Sättigungskapseln noch unterstützt. Das xlim Aktiv Heißgetränk hilft darüber hinaus Kalorien einzusparen und Hungerattacken zu vermeiden. So werden Hungerattacken, die für das Scheitern vieler Diät-Programme verantwortlich sind, auf zweifache Weise verhindert. Die muskelschonende Wirkung sorgt zusätzlich dafür, dass Sie mehr Power haben und auch in der Abnehm-Phase aktiv bleiben können. Die xli.m Aktiv 130 Stoffwechselkapseln helfen im Anschluss an das selbstbestimmte xlim Gewichtsmanagement-Programm mit Zuckerbremse den Fett- und Kohlenhydrat-Stoffwechsel aktiv zu halten.

Zucker & Übergewicht

Zucker & Übergewicht erklärt Ihnen erstmals in verständlicher Sprache, warum die üblichen Kalorien reduzierenden Diäten am Zuckerkonsum, d. h. dem Heißhunger auf Süßes, scheitern müssen.

Die Autoren zeigen Ihnen mit dem neuen selbstbestimmten xlim Gewichtsmanagement-Programm mit Zuckerbremse einen neuen Weg auf, wie Sie ohne Ihre Ess- und Lebensgewohnheiten völlig umstellen zu müssen, Ihr Körpergewicht selbstbestimmt und dauerhaft kontrollieren können. Sie entscheiden selbst, was Sie essen und wie schnell Sie abnehmen wollen. Wenn Sie unbedingt abnehmen wollen, um wieder in Ihre Kleider zu passen, eine bessere Figur zu haben oder etwas für Ihre Gesundheit zu tun, verrät Ihnen dieses Buch, wie Sie Ihren Körper nach Ihren eigenen Vorstellungen selbst gestalten können.

Zucker und Übergewicht erhalten Sie unter der ISBN Nr. 978-3-00-045028-0 in Ihrer Buchhandlung oder im Internetbuchhandel.

Die Vorteile der xlim Aktiv Mahlzeiten:

- bringen den müden Stoffwechsel wieder in Schwung
- beseitigen überflüssige Fett-Depots
- schonen die Muskelmasse
- sättigen über 4-6 Stunden
- vermeiden Hungergefühle
- erhalten Power
- erhalten die geistige- und körperliche Leistungsfähigkeit
- verbessern Blutzucker-, Blutfett- und Blutdruck-Werte
- schmecken gut
- sind mit weniger als 1 € pro xlim Aktiv Mahlzeit besonders preiswert

Die xlim Aktiv Sättigungskapseln mit dem pflanzlichen Ballaststoff der Konjakwurzel können dank ihres natürlichen Sättigungseffektes Hunger nachhaltig vorbeugen, so dass unangenehme Hungergefühle, die den Abnehm-Effekt gefährden, erst gar nicht aufkommen können. Durch ihren natürlichen Sättigungseffekt tragen sie im Rahmen des selbstbestimmten xlim Gewichtsmanagement-Programms mit Zuckerbremse zusätzlich zum Gewichtsverlust und einem normalen Cholesterinspiegel bei. xlim Aktiv Sättigungskapseln eignen sich auch dafür, die durch ausgiebigen Genuss z. B. an Festtagen angefutterten Kalorien schnell wieder los zu werden, indem sie die Esslust bremsen und man so weniger Kalorien zu sich nimmt.

Das xlim Aktiv Heißgetränk wurde speziell als kalorienarmes Heißgetränk mit allen, für den täglichen Bedarf benötigten Vitaminen, Mineralstoffen und Spurenelementen, sowie dem pflanzlichen Ballaststoff der Konjakwurzel, zur Vorbeugung und Beseitigung von Hungergefühlen von Ernährungswissenschaftlern entwickelt und im Praxisgebrauch ausgiebig getestet. Sein herzhaft-würziger Geschmack und seine sättigende Wirkung machen es bei geringer Kalorienmenge zum idealen Partner gegen Hungergefühle.

Die xli.m Aktiv 130 Stoffwechselkapseln sorgen durch ihre spezielle Nährstoffkombination anschließend dafür, dass auch nach Beendigung Ihres selbstbestimmten xlim Gewichtsmanagement-Programms mit Zuckerbremse der Fett- und Kohlenhydrat-Stoffwechsel dauerhaft aktiviert bleiben.

Durch ihre einzigartige Zusammensetzung ergänzen sich die xlim Produkte in idealer Weise und verhelfen Ihnen in nur 3 Phasen zu einem dauerhaften Wunschgewicht.

1 xlim Produkte
xlim Aktiv
2 xlim Kochbuch
Das erste xlim Kochbuch
3 xlim Shakebuch
Das erste xlim Shakebuch
4 xlim Tipps und Tricks
xlim Tipps und Tricks
5 xlim Ernährungs-Prinzipien

1. Start-Phase
Intensive Stoffwechselaktivierung

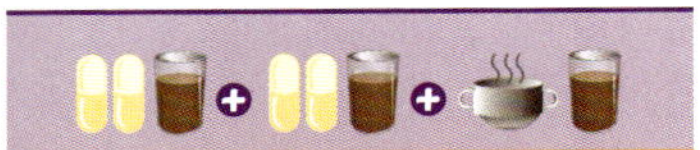

Morgens	Mittags	Abends
1. - 3. Tag	1. - 3. Tag	1. - 3. Tag

2. Abnehm-Phase
Abbau der Fett-Depots

Morgens	Mittags	Abends
4. - 8. Tag	4. - 16. Tag	4. - 24. Tag

3. Gewichtsmanagement-Phase
Aktivierung des Stoffwechsels

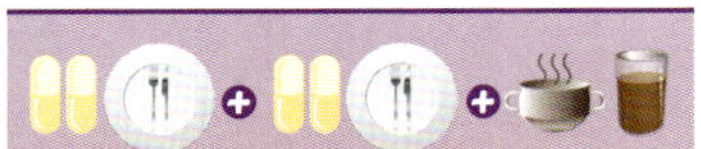

Morgens	Mittags	Abends
9. - 14. Tag	17. - 60. Tag	25. - 90. Tag

Bitte lassen Sie sich für den Verzehr Ihrer Mahlzeiten (auch der Ersatzmahlzeiten) ca. 15 - 20 Minuten Zeit.

Morgens	Mittags	Abends
ab Tag 15	ab Tag 61	ab Tag 91

In 3 Phasen zu Ihrem Wunschgewicht

Das selbstbestimmte xlim Gewichtsmanagement-Programm mit Zuckerbremse funktioniert in drei Phasen:

- Beseitigung der Zuckerreserven in der Leber durch intensive Aktivierung des Stoffwechsels (Start-Phase)
- Kontinuierliche Gewichtsabnahme durch erhöhte Fettverbrennung (Abnehm-Phase)
- Dauerhafte Optimierung des Stoffwechsels (Gewichtsmanagement-Phase)

In der Start-Phase (1.-3. Tag) werden drei Mahlzeiten durch xlim Aktiv Mahlzeit Shakes, xlim Aktiv Mahlzeit Riegel oder eine xlim Aktiv Mahlzeit Tomaten-Suppe bzw. xlim Aktiv Mahlzeit Kartoffel-Suppe ersetzt. Zusätzlich werden morgens und mittags je 2 xlim Aktiv Sättigungskapseln und abends ein xlim Aktiv Heißgetränk verzehrt. Die dadurch erreichte Umstellung des Stoffwechsels sorgt dafür, dass die Zucker-Speicher in der Leber abgebaut werden und der Stoffwechsel angekurbelt wird. Der hohe Ballaststoffanteil wirkt zusätzlich als Hungerbremse gegen Hungergefühle.

In der Abnehm-Phase, die entsprechend dem individuellen Ziel unterschiedlich lange dauern kann (siehe Abbildung links), werden nur noch zwei Mahlzeiten durch xlim Aktiv Mahlzeit Shakes, xlim Aktiv Mahlzeit Riegel oder eine xlim Aktiv Mahlzeit Tomaten-Suppe bzw. xlim Aktiv Mahlzeit Kartoffel-Suppe ersetzt. Zusätzlich werden morgens und mittags je 2 xlim Aktiv Sättigungskapseln und abends ein xlim Aktiv Heißgetränk verzehrt. Da die Zuckerspeicher in der Start-Phase geleert wurden, muss sich der Körper jetzt der Fett-Depots bedienen, um seinen Energiebedarf zu decken. So kommt es zu einer kontinuierlichen Gewichtsabnahme. Die Höhe der Gewichtsreduktion wird durch die Länge der Abnehm-Phase bestimmt.

In der Gewichtsmanagement-Phase wird nur noch eine Mahlzeit durch einen xlim Aktiv Mahlzeit Shake, xlim Aktiv Mahlzeit Riegel oder eine xlim Aktiv Mahlzeit Tomaten-Suppe bzw. xlim Aktiv Mahlzeit Kartoffel-Suppe ersetzt. Zusätzlich werden morgens und mittags je 2 xlim Aktiv Sättigungskapseln und abends ein xlim Aktiv Heißgetränk verzehrt. Der Stoffwechsel wird so optimiert und es kann zu einer weiteren kontinuierlichen Gewichtsabnahme kommen.

Nach dem Erreichen des Wunschgewichtes werden drei Mahlzeiten als kalorienarme Mischkost-Mahlzeiten verzehrt, um das Wunschgewicht dauerhaft zu bewahren. Damit der Fett- und Kohlenhydrat-Stoffwechsel längerfristig aktiviert bleiben, empfiehlt sich die tägliche Einnahme einer xli.m Aktiv 130 Stoffwechselkapsel. Die xlim Rezepte und die xlim Ernährungs-Prinzipien helfen Ihnen bei der Zubereitung Ihrer Mischkost-Mahlzeiten. Mit Hilfe der variantenreichen xlim Rezepte können Sie Abwechslung in Ihr selbstbestimmtes xlim Gewichtsmanagement-Programm mit Zuckerbremse bringen, damit Sie jede Mahlzeit genießen können. Die xlim Ernährungs-Prinzipien und xlim Tipps und Tricks helfen Ihnen, sich gesund zu ernähren und in Form zu bleiben.

Ihr persönliches Gewichtsziel bestimmt die Länge des selbstbestimmten xlim Gewichtsmanagement-Programms mit Zuckerbremse. Wenn Sie nur schnell 3-4 Kilos abnehmen wollen, reicht Ihnen das 14-Tage-Programm (siehe Umschlag). Wollen Sie ca. 6-8 Kilos abnehmen, um wieder in Ihre alten Kleidungsstücke zu passen, empfiehlt sich das 60-Tage-Programm (siehe Umschlag). Wenn Sie mehr abnehmen wollen, empfiehlt sich das 90-Tage-Plus-Programm (siehe Umschlag). Je nach Gewichtsabnahme-Ziel kann das Programm über einen längeren Zeitraum gehen. Sie können es aber auch selbstbestimmt auf mehrere Zyklen aufteilen. Zwischendurch können Sie den jeweiligen Gewichtserfolg durch kalorienarme Mischkost-Mahlzeiten bewahren.

Im Anschluss an das Programm können Sie durch vorsorglichen oder bedarfsgerechten Verzehr der xlim Aktiv Sättigungskapseln bzw. dem herzhaft-würzigen xlim Aktiv Heißgetränk oder der herzhaft-pikanten xlim Aktiv Mahlzeit Tomaten-Suppe bzw. xlim Aktiv Mahlzeit Kartoffel-Suppe als Abendessen, einer erneuten Gewichtszunahme vorbeugen.

Die xli.m Aktiv 130 Stoffwechselkapseln können Ihnen zusätzlich dabei helfen Ihren Stoffwechsel langfristig zu aktivieren.

Nach Festtagen, wenn man sich mal etwas mehr gegönnt hat, reicht es meist aus, die xlim Aktiv Sättigungskapseln oder das xlim Aktiv Heißgetränk 30 Minuten vor den Mahlzeiten einzunehmen. Dadurch kommt es bereits zu einer Magenfüllung und es wird im Zuge dessen weniger gegessen.

Was können Sie tun, um Ihr Wunschgewicht dauerhaft zu behalten?

Damit Sie Ihr Wunschgewicht dauerhaft halten, dürfen Sie nach dem selbstbestimmten xlim Gewichtsmanagement-Programm mit Zuckerbremse nicht wieder in Ihre alten Essgewohnheiten zurückfallen. Sie würden sonst wieder Ihrem Verlangen nach Süßem erliegen und erneut in den Zucker-Teufelskreis geraten. Damit dies nicht geschieht und all Ihre Mühen nicht umsonst waren, sollten Sie Ihre Ernährung unbedingt umstellen. Dabei können Ihnen die xlim Rezepte und die xlim Ernährungs-Prinzipien nützlich sein.

xlim Ernährungs-Prinzipien:

- Nehmen Sie nur 3 Mahlzeiten im Abstand von 4-6 Stunden zu sich!
- Lassen Sie sich für jede Mahlzeit mindestens 15-20 Minuten Zeit!
- Essen Sie 3 x am Tag bis zum „Rundherum-wohligen Sättigungsgefühl"!
- Meiden Sie Zwischenmahlzeiten (insbesondere Süßes)!
- Meiden Sie kurzkettige Kohlenhydrate (z. B. Zucker, weißes Mehl etc.) zugunsten von langkettigen Kohlenhydraten (z. B. Kartoffeln, Vollkornprodukten etc.)!
- Verdoppeln Sie Ihre Salat- oder Gemüse-Portion!
- Vermeiden Sie Alkohol, da er kalorienreich ist und die Fettverbrennung einschränkt!
- Trinken Sie pro Tag 2-3 l Flüssigkeit, bevorzugen Sie Mineralwasser oder ungesüßten Kräutertee!
- Süßen Sie bevorzugt mit Honig!
- Wenn möglich, sollten Sie nach 18 Uhr auf kohlenhydratreiche Mahlzeiten verzichten!
- Sorgen Sie für ausreichend Schlaf, da Sie während der Nachtruhe Fett verbrennen!
- Bevorzugen Sie beschichtete Bratpfannen!
- Gehen Sie sparsam mit Bratfett um!

Grundsätzlich sollten Sie nur drei Mahlzeiten pro Tag im Abstand von 4-6 Stunden zu sich nehmen, damit Ihr Körper die zugeführten Kalorien vollständig verwerten kann und keine Reserven anlegt. Lassen Sie keine Mahlzeit aus. Nehmen Sie sich 15-20 Minuten Zeit für eine Mahlzeit und essen Sie sich immer satt. Meiden Sie unbedingt Zwischenmahlzeiten, d. h. kleine Snacks, auch wenn Ihnen danach ist. Trinken Sie lieber ein Glas Wasser anstelle einer Zwischenmahlzeit. Essen Sie viel Salat und Gemüse. Diese enthalten viele Ballaststoffe, wenig Kalorien, füllen den Magen und machen so nachhaltig satt. Süßen Sie, wenn Ihnen danach zumute ist, bevorzugt mit Honig oder nutzen Sie auch die natürliche Süße der Stevia-Pflanze.

Warum müssen Sie essen, um abzunehmen?

Bei vielen Diäten wird die Kalorienaufnahme eingeschränkt. Durch einseitige Ernährung werden dem Körper wichtige Nährstoffe vorenthalten. Ihr Körper merkt jedoch rasch, dass ihm weniger Energie und Nährstoffe zugeführt werden und fährt den Stoffwechsel herunter, um Energie zu sparen. Er beginnt umgehend mit dem Abbau der Muskelmasse, die die meiste Energie verbraucht. Da dies nicht günstig für das gute Funktionieren unseres Organismus ist, merkt sich unser Körper das, um dieses Defizit später schnell wieder korrigieren zu können. Essen Sie dann wieder wie vor der Diät, weil Sie Ihre Ernährungsweise nicht wirklich umgestellt haben, nehmen Sie wieder zu. Der Grund dafür ist, dass Ihr Körper anschließend nicht wieder so viele Kalorien verarbeitet wie vor der Diät. Warum tut er das nicht? Einerseits macht er das, weil er sich gemerkt hat, dass es auch schlechte Zeiten, die Diätzeiten gibt, in denen er weniger zu essen bekommt. Er hat Angst, dass wieder so eine „schlechte Zeit“ kommt, in der er nichts oder nur wenig zu essen bekommt. Er bleibt deshalb bei seiner Sparsamkeit - und Sie nehmen plötzlich schneller zu als noch vor der Diät - bekannt als „Jo-Jo-Effekt“. Andererseits haben Sie während der Diät natürlich Muskelmasse verloren, eben die Körpermasse, die Ihre Kalorien verbrennen kann und Sie beim Abnehmen unterstützt.

Beim selbstbestimmten xlim Gewichtsmanagement-Programm mit Zuckerbremse wird der Körper zu jeder Zeit ausreichend mit allen wichtigen Nährstoffen versorgt und der Stoffwechsel kontinuierlich aktiviert. Durch den hohen Protein-Gehalt bleibt die Muskelmasse erhalten und es kommt zu einer deutlich erhöhten Fettverbrennung, einem Abbau der Fett-Depots und als Folge zu einer Gewichtsreduktion.

Was können Sie tun, damit Sie nicht schwach werden?

Um abzunehmen und Ihr Wunschgewicht dauerhaft zu bewahren, ist ein erhöhtes Maß an Disziplin und Durchhaltevermögen erforderlich. Um beides aufbringen zu können, benötigen Sie etwas, was Sie ganz persönlich stark motiviert. D. h. eine „Eigenmotivation", die Ihnen hilft, gelegentliche Zweifel am Erfolg und die anfänglichen „Entzugserscheinungen" einer Ernährungsumstellung, insbesondere was den Zucker-Konsum anbetrifft, unbeschadet zu überstehen.

Die folgenden praxisbewährten xlim Tipps und Tricks können Ihnen Anregungen für Ihre persönliche Motivation geben:

xlim Tipps und Tricks

- Nehmen Sie sich nicht zu viel Gewichtsabnahme auf einmal vor! Sie können Ihr Ziel auch in Etappen erreichen!
- Malen Sie sich vor Ihrem inneren Auge aus, wie Sie mit Ihrem Wunschgewicht aussehen werden!
- Sprechen Sie mit guten Freunden über Ihr Ziel, Sie fühlen sich ihm dann mehr verpflichtet und können eventuellen Zweifeln besser begegnen!
- Stellen Sie sich bildlich vor, was Sie mit weniger Gewicht später alles wieder unternehmen können!
- Wiegen Sie sich auf jeden Fall nur einmal pro Woche!
- Verbannen Sie alle Süßigkeiten aus Ihrer Umgebung!
- Bitten Sie Ihre Familie in Ihrer Gegenwart nicht zu naschen!
- Trinken Sie jede Stunde ein Glas Wasser!
- Sollten Sie Hunger erleiden, verzehren Sie ein herzhaft-würziges, sättigendes xlim Aktiv Heißgetränk bzw. eine herzhaft-pikante xlim Aktiv Mahlzeit Tomaten-Suppe oder eine herzhafte xlim Aktiv Mahlzeit Kartoffel-Suppe, die sich alle schnell zubereiten lassen oder einen verzehrfertigen xlim Aktiv Mahlzeit Riegel!

Welchen Einfluss hat Sport auf Ihr Körpergewicht?

Auf den ersten Blick hört es sich immer gut an, wenn man, um abzunehmen, mehr Kalorien durch mehr Bewegung verbrennen will. Dabei kommt es aber auf die Art der Bewegung an und wie viel davon für uns richtig ist. Es reicht leider nicht aus, einfach ein bisschen mehr Sport zu machen und dann darauf zu hoffen, dass man das Richtige tut und automatisch abnimmt. Da Sport den Appetit anregt, kann man durch Sport sogar zunehmen. Wer z. B. 30 Minuten durch den Park joggt, und sich als Belohnung eine halbe Tüte Chips gönnt, nimmt eher zu als ab. Die 30 minütige Joggingrunde verbraucht nur 347 Kalorien (bei einer 70 kg schweren Frau und mittlerem Lauftempo) und die 100 Gramm Chips sorgen für ein Plus von 535 Kalorien. Unterm Strich bleiben also nach Jogging und Chips 188 Kalorien übrig, um es sich auf den Hüften gemütlich zu machen.

Es hilft alles nichts: Je mehr wir essen, desto aktiver müssen wir werden. Im Umkehrschluss bedeutet das: Wollen wir Gewicht verlieren, ist es mit Sport allein nicht getan. Am effektivsten ist ein Mix aus Sport und gesunder Ernährung mit geringer Energiedichte. So können Sie z. B. anstatt Chips nach dem Joggen einen xlim Aktiv Mahlzeit Shake oder einen xlim Aktiv Mahlzeit Riegel verzehren, die weniger Kalorien haben und Sie länger satt machen. Studien haben gezeigt, dass nach dem Sport, ob Ausdauer- oder Kraft-Sport, ein eiweißreicher Shake oder Riegel helfen kann, den Hunger zu stillen, die Energiespeicher wieder aufzufüllen und die Muskulatur zu erhalten. Einfach immer nach dem Sport sofort einen xlim Aktiv Mahlzeit Shake oder einen xlim Aktiv Mahlzeit Riegel zu sich nehmen, so wird der Hunger genüsslich gestillt und man vermeidet Heißhungerattacken.

Empfehlungen zum Sport

- Sport in Verbindung mit ausgewogener Ernährung hilft beim Abnehmen.
- Sport kann eine Gewichtszunahme verhindern und dazu beitragen, ein gutes Körpergewicht zu halten.
- Sport ist gut für Ihre Figur, da Sie dadurch Fett abbauen und Muskelmasse aufbauen können.
- Sie sollten Sport treiben, weil er Spaß macht, die Stimmung verbessert und Sie so auf dem Weg zu Ihrem Wunschgewicht positiv motiviert sind.
- Ein xlim Aktiv Mahlzeit Shake oder ein xlim Aktiv Mahlzeit Riegel helfen Ihnen als vollwertige Mahlzeiten nach dem Sport, die leeren Energiespeicher wieder aufzufüllen, Hunger zu stillen, Heißhunger zu vermeiden, die Muskulatur zu schützen und schnell zu regenerieren.

Kann ich auch als Diabetiker xlim nutzen?

Die xlim Produkte wurden von Ernährungswissenschaftlern und Medizinern auf Basis von Erkenntnissen, die im Rahmen eines wissenschaftlichen Projektes an übergewichtigen Diabetikern gewonnen wurden, entwickelt.

Übergewicht und Diabetes stehen oftmals in einem engen Zusammenhang. Eine kontinuierliche Gewichtskontrolle ist daher gerade für Diabetiker besonders wichtig, um Folgeerkrankungen, wie z. B. Herz-Kreislauf- und Gefäß-Erkrankungen, zu vermeiden.

Begleitend zu einer Ernährungsumstellung kann ein selbstbestimmtes xlim Gewichtsmanagement-Programm mit Zuckerbremse dazu beitragen die Blutzucker, Blutfett- und Blutdruck-Werte nachhaltig zu verbessern. Oft kann die Dosierung von Antidiabetika reduziert oder das Medikament sogar ganz abgesetzt werden.

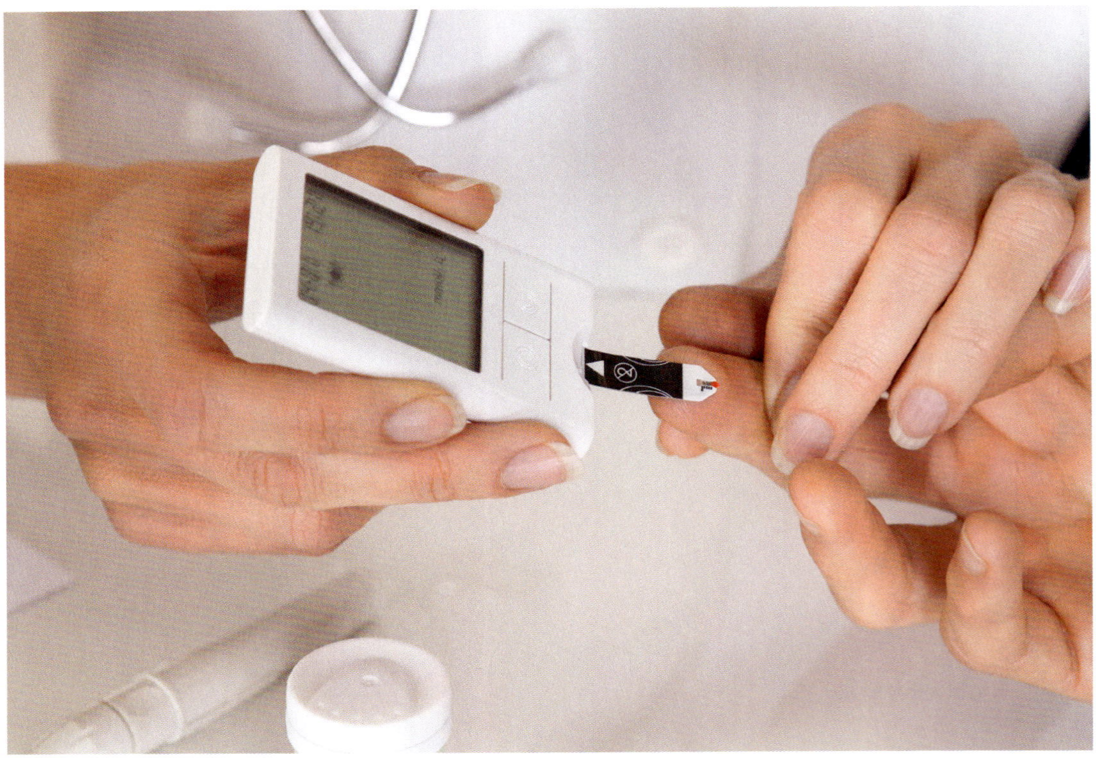

Wissenschaftliche Studien zu Aktiv-Mahlzeiten kamen zu folgenden Ergebnissen:

- Höhere Gewichtsabnahme
- Positive Wirkung auf Insulinresistenz
- Verbesserung der Blutzuckerkontrolle
- Deutliche Verbesserung des HbA1c-Wertes

Durch die Breite des selbstbestimmten xlim Gewichtsmanagement-Programms mit Zuckerbremse kann sich jeder das heraussuchen, was ihm schmeckt und sich auf ganz individuelle Weise vor Übergewicht und Folgeerkrankungen schützen.

Ein am 22.1.2015 auf www.nutraingredients.com veröffentlichter Bericht zu Studien an Diabetikern deutet an, dass eine Niedrigkalorie-Diät mit täglich nur 600 kcal mit 75 g Proteinen und 30 g Kohlenhydraten eine Alternative zur medikamentösen Behandlung von Typ 2 Diabetes sein kann. Eine derartige Niedrigkalorie-Diätbehandlung greift an der Wurzel an, indem sie das überflüssige Körperfett beseitigt, den Kohlenhydrat-Stoffwechsel aktiviert und so die Insulinproduktion wieder normalisiert.
Bedenkt man, dass Übergewicht und Diabetes sich zur größten Bedrohung der Gesundheit der Menschen entwickeln, so hat das selbstbestimmte xlim Gewichtsmanagement-Programm mit Zuckerbremse noch eine große Zukunft vor sich. Laut aktuellem WHO-Bericht sterben durch Typ 2 Diabetes weltweit jährlich über 3,4 Mio. Menschen mit deutlich wachsender Tendenz. Der aktuelle sprunghafte Anstieg des Pre-Diabetes (Glukose-Toleranz-Störung) mit erwarteten 8 % der Weltbevölkerung in 2035 (471 Mio. Menschen) tickt wie eine Zeitbombe, die wir schnellstmöglich entschärfen müssen.

Das selbstbestimmte xlim Gewichtsmanagement-Programm mit Zuckerbremse dient also nicht nur zur kosmetischen Verbesserung Ihrer Figur, sondern kann auch einen wesentlichen Beitrag zu Ihrer Gesundheit leisten.

Kann ich auch mit Lactoseintoleranz xlim verzehren?

xlim hat zusätzlich einen speziellen lactosefreien xlim Aktiv Mahlzeit Shake im Programm. Dieser sollte natürlich mit lactosefreier Milch zubereitet werden.

Kann ich auch bei Gluten-Unverträglichkeit xlim verzehren?

Die xlim Aktiv Mahlzeit Shakes sind glutenfrei.

Kann ich auch bei Soja-Allergie xlim verzehren?

Bei Soja-Allergie steht Ihnen im Rahmen des selbstbestimmten xlim Gewichtsmanagement-Programms mit Zuckerbremse ein spezieller sojafreier xlim Aktiv Mahlzeit Shake zur Verfügung.

Kann ich auch bei erhöhtem Cholesterin-Spiegel xlim verwenden?

Mit dem Gewicht steigt in der Regel auch der Cholesterin-Spiegel im Blut. Dies ist in den meisten Fällen auf eine zu cholesterinreiche Ernährung zurückzuführen. Es hat sich gezeigt, dass durch das selbstbestimmte xlim Gewichtsmanagement-Programm mit Zuckerbremse der Cholesterin-Spiegel langfristig gesenkt werden kann. Die Dosis der Cholesterin-Senker konnte so deutlich gesenkt werden. In einigen Fällen konnte der Cholesterin-Senker sogar abgesetzt werden.

Zucker und Übergewicht erhöhen das Risiko für Gefäß- und Herz-Kreislauf-Erkrankungen

Dr. Dwight Lundell, ein weltweit anerkannter Gefäßchirurg aus den USA, stellt die bisher von Meinungsbildnern herausgestellte Verantwortung des Cholesterins für Gefäß- und Herz-Kreislauf-Erkrankungen neuerdings in Frage und macht Zucker und Übergewicht verantwortlich für die ungebremste Zunahme der Herzinfarkte, Schlaganfälle und sogar der Alzheimer-Krankheit.

In seiner 25-jährigen praktischen Erfahrung in über 5.000 Gefäß-Operationen fand er heraus, dass die Entzündung der Gefäßwände und nicht das in den Gefäßen frei zirkulierende Cholesterin für die beobachteten Gefäßschäden und Herzinfarkte verantwortlich ist. Ohne Entzündung würde sich das Cholesterin frei durch unseren Körper bewegen und hätte keine Möglichkeit sich in den Arterien-Wänden abzulagern.

Ein großer Schuldiger für die Entzündung unserer Blutgefäße ist für Ihn das Überangebot industriell verarbeiteter Kohlenhydrate, d. h. der Zucker und alle daraus hergestellten Produkte und nicht das Cholesterin wie man bisher glaubte. Zucker-Moleküle lagern sich an verschiedenen Proteinen an, die ihrerseits die Gefäßwand verletzen. Diese wiederholte Verletzung der Gefäßwand setzt dann die Entzündung in Gang. Wenn der Blutzucker-Spiegel mehrmals am Tag durch den übermäßigen Verzehr von Süßem Spitzenwerte aufweist und das jeden Tag, ist das genauso als wenn man die Innenwände Ihrer Blutgefäße mit Schmirgelpapier behandelt.

Die durch den übermäßigen ständig steigenden Zuckerkonsum in den USA hervorgerufene Entzündung der Gefäßwände ist nach Dr. Dwight Lundell dafür verantwortlich, dass sich das Cholesterin in den Gefäßwänden der Blutgefäße ablagern kann. So sterben jedes Jahr mehr Amerikaner an den Folgen von Gefäßverschlüssen trotz der Tatsache, dass 25 % der Bevölkerung teure Statine einnehmen und der Fettgehalt in der Nahrung gesenkt wurde.

Sollten sich diese neuen Erkenntnisse durchsetzen, so eröffneten sich für das selbstbestimmte xlim Gewichtsmanagement-Programm mit Zuckerbremse ganz neue Perspektiven.

(http://www.sott.net/article/242516-Heart-surgeon-speaks-out-on-what-really-causes-heart-disease)

Warum immer mehr Apotheker und Ärzte jetzt xlim empfehlen?

Mit dem selbstbestimmten xlim Gewichtsmanagement-Programm mit Zuckerbremse steht Apothekern und Ärzten jetzt ein neues Produkt-Programm zur Verfügung, mit dem sich ihre Kunden und Patienten einfach bei vollem Genuss dauerhaft in Form bringen können.

In vielen Gesprächen berichten uns Apotheker und Ärzte, dass ihre xlim Kunden und Patienten immer wieder den besonders guten Geschmack der xlim Produkte, die Abwechslung durch die Breite des xlim Produkt-Programms, den unübertroffen günstigen Preis von weniger als 1 Euro pro xlim Aktiv Mahlzeit, die begleitende qualifizierte Fachbetreuung durch das Apotheken- und Praxis-Team sowie das xlim Ernährungs-Beratungs-Team loben. Mit xlim for men bietet xlim erstmals ein spezielles selbstbestimmtes Gewichtsmanagement-Programm mit Zuckerbremse für Männer an, die vom Übergewicht noch stärker betroffen sind als Frauen. Deshalb empfehlen jetzt immer mehr Apotheken und Arzt-Praxen nicht nur Frauen sondern auch übergewichtigen Männern mit xlim abzunehmen. Apotheken-Kunden und Patienten, die auf xlim umberaten wurden, sind meist derart von xlim begeistert, dass sie xlim mit großer Überzeugung im Bekanntenkreis weiter empfehlen.

Apotheker und Ärzte überzeugen aber nicht nur die positiven Reaktionen ihrer Kunden und Patienten, die oft erstmals mit xlim dauerhaft ohne Verlust von Muskelmasse bei vollem Genuss abnehmen konnten. Die durch xlim in der Regel erreichte Verbesserung der Blutzucker-, Blutfett- und Blutdruck-Werte zeigt, dass man mit xlim nicht nur seinen Körper in Form bringt, sondern gleichzeitig wichtige Risikofaktoren für Herz- und Kreislauf-Erkrankungen bekämpft und dadurch seine Gesundheits-Prognose deutlich verbessern kann. Letzteres wird aktuell immer wichtiger, da Übergewicht und Diabetes sich immer mehr zur neuen Geißel der Menschheit entwickeln. Ein wichtiger Grund hierfür liegt im steigenden Zuckerkonsum. Wie uns viele xlim Anwender berichten wurde ihr Süßhunger durch xlim nachhaltig gebremst.

Bringen auch Sie sich bei vollem Genuss mit xlim in Form, unterstützen Sie so Ihre Gesundheit und empfehlen Sie im Bekanntenkreis xlim weiter, damit möglichst viele Menschen die Vorteile von xlim für sich nutzen können.

Rezepte für das selbstbestimmte xlim Gewichtsmanagement-Programm mit Zuckerbremse

Mit Hilfe der xlim Rezepte können Sie schnell und einfach leckere, vielseitige Mischkost-Mahlzeiten für jedermanns Geschmack zubereiten.

Im Rezeptteil des „Ersten xlim Kochbuchs" finden Sie variantenreiche Rezepte für gesunde und abwechslungsreiche Gerichte. Das neue „Erste xlim Shakebuch" bietet Ihnen zusätzlich viele leckere Shakes für jeden Anlass und jede Jahreszeit.

Die xlim Rezepte enthalten nur Zutaten, die Sie preisgünstig überall kaufen können. Alle xlim Rezepte wurden vom xlim Ernährungs-Beratungs-Team, diplomierten erfahrenen Ernährungs-Beraterinnen, zusammengestellt und getestet. Wichtig ist, dass Sie durch die große Auswahl Abwechslung in Ihr selbstbestimmtes xlim Gewichtsmanagement-Programm mit Zuckerbremse bringen können. Mit Genuss und Abwechslung wird es Ihnen leichter fallen, Ihre Traumfigur zu erreichen und zu bewahren.

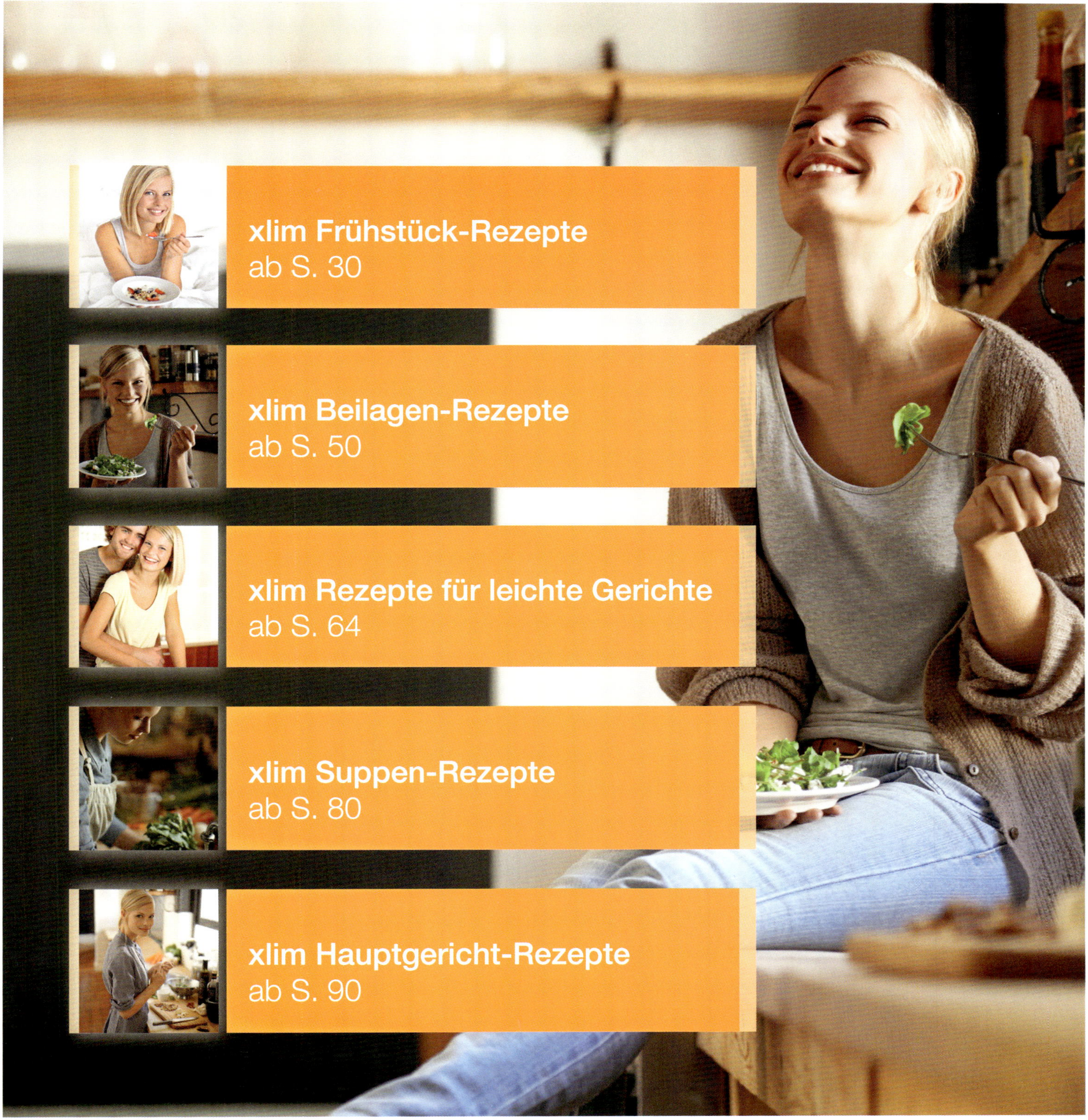

xlim Frühstück-Rezepte

Viele nehmen sich zum Frühstück nicht viel Zeit, weil sie nach dem Aufstehen schnell zur Arbeit wollen. Sie frühstücken nur eine Tasse Kaffee mit etwas Süßem, z. B. einen Toast mit Konfitüre. Als Folge steigt der Insulin-Spiegel und sie haben schon bald wieder das Verlangen nach Süßem, das dann am Arbeitsplatz mit Süßigkeiten gestillt wird. Aus diesem Teufelskreis können sie sich dann nicht mehr lösen und wundern sich, dass sie den ganzen Tag lang hungrig sind.

Mit Hilfe der xlim Frühstück-Rezepte können Sie sich einfach und schnell z. B. ein herzhaftes Müsli oder ein Vollkornbrot mit Kräuterquark zubereiten. Diese schmecken gut, liefern Ihnen die benötigte Power für den Start in den Tag, machen anhaltend satt und bremsen den Heißhunger auf Süßes. Ohne die lästigen Hungergefühle können Sie sich ganz auf Ihre Arbeit konzentrieren oder Ihre Freizeit ungetrübt genießen.

VEGETA-RISCH

Frühstück

Erdbeer-Kokos-Müsli

Für 2 Personen

Zutaten:

80 g Haferflocken (Vollkorn)
200 g Erdbeeren
1 TL Honig
300 g Naturjoghurt, fettarm (1,5 % Fett)
1 TL Kokosraspel

Erdbeeren waschen

Bevor Sie die Erdbeeren putzen, sollten Sie die Früchte waschen. Die empfindlichen Erdbeeren vertragen keinen harten Wasserstrahl. Spülen Sie die Erdbeeren deshalb nur mit der Handbrause vorsichtig ab.

Erdbeeren trocknen

Lassen Sie die Erdbeeren vor dem Putzen in einem Sieb gut abtropfen. Sie können die Früchte zusätzlich mit Küchenpapier abtupfen, wenn sie für die weitere Verarbeitung ganz trocken sein sollen.

Erdbeeren putzen

Schneiden Sie die Kelchblätter mit einem scharfen Messer aus den Früchten heraus (s. Tipp).

Zubereitung:

Vierteln oder halbieren Sie die Erdbeeren und vermischen alle restlichen Zutaten miteinander.

TIPP:
Sie sollten die Kelchblätter immer erst nach dem Waschen von den Erdbeeren entfernen, damit die Früchte sich nicht mit Wasser vollsaugen.

Durchschnittliche Nährwertangaben pro Portion:

kcal	kJ	Eiweiß	Fett	Kohlenhydrate	Ballaststoffe
278	1169	12 g	7 g	38 g	6 g

VEGETA-RISCH

Frühstück

Ei-Frühstück

Für 2 Personen

Zutaten:

3 Eier
75 g Vollkornbrot (2 kleine Scheiben)
1-2 EL Kresse
100 g Kräuterquark, fettarm (10 % Fett)
200 g Gurke

Zubereitung:

- Eier hart kochen (s. Tipp).
- Vollkornbrot mit dem Kräuterquark bestreichen, die hartgekochten Eier in Scheiben schneiden und auf das Vollkornbrot legen.
- Die Gurke waschen und in Scheiben schneiden.
- Mit Kresse und den Gurkenscheiben servieren.

Tipp:

Konsistenz	Kochzeit
weich	3–5 Minuten
kernweich	6–8 Minuten
hart	8–10 Minuten

Durchschnittliche Nährwertangaben pro Portion:

kcal	kJ	Eiweiß	Fett	Kohlenhydrate	Ballaststoffe
233	972	19 g	9 g	18 g	5 g

VEGETA-RISCH

Frühstück
xlim Schokobrei

Zubereitung:
- Die Reisflocken (oder Schmelzflocken) mit der Milch und dem xlim Aktiv Mahlzeit Pulver in eine Müslischüssel geben und mit einem Löffel gut vermengen.
- Die Banane klein schneiden und unterrühren.

Für 2 Personen

Zutaten:
40 g Reisflocken (oder Schmelzflocken)
40 g xlim Aktiv Mahlzeit Schoko
260 ml Milch, fettarm (1,5 % Fett)
100 g Banane

Durchschnittliche Nährwertangaben pro Portion:

kcal	kJ	Eiweiß	Fett	Kohlenhydrate	Ballaststoffe
245	1026	15 g	6 g	33 g	5 g

VEGETARISCH

Frühstück
Käse-Salat-Brot

Für 2 Personen

Zutaten:
30 g Frischkäse, fettarm (10 % F. i. Tr.)
100 g Vollkornbrot (2 mittlere Scheiben)
70 g Käse (30 % F. i. Tr.)
50 g Tomate
60 g Gurke
Petersilie

Zubereitung:
- Tomaten und Gurke waschen und in Scheiben schneiden.
- Das Brot mit Frischkäse bestreichen und mit dem Käse belegen.
- Tomaten und Gurken auf dem Brot anrichten.
- Mit Petersilie garniert servieren.

Tipp:
Fett in der Trockenmasse (F. i. Tr.) bezieht sich auf den Prozentsatz von Fettanteilen, die sich in der Käsemasse befinden, nachdem ihr alle Wasseranteile entzogen wurden.

Durchschnittliche Nährwertangaben pro Portion:

kcal	kJ	Eiweiß	Fett	Kohlenhydrate	Ballaststoffe
209	877	16 g	7 g	21 g	5 g

VEGETA-RISCH

Frühstück

Möhren-Nuss-Müsli

Zubereitung:

- Möhren schälen und fein raspeln.
- Apfel schälen, vom Kerngehäuse befreien und raspeln. Den fein geraspelten Apfel zu den Möhren hinzufügen und mit etwas Zitronensaft beträufeln.
- Haferflocken mit dem Naturjoghurt vermengen.
- Nun den fein geraspelten Apfel und die Möhren sowie die Walnüsse beimengen und bei Bedarf mit Honig süßen.

Für 2 Personen

Zutaten:

150 g Möhren
150 g Apfel
etwas Zitronensaft
250 g Naturjoghurt, fettarm (1,5 % Fett)
90 g Haferflocken (Vollkorn)
30 g Walnüsse gehackt
1 TL Honig

Durchschnittliche Nährwertangaben pro Portion:

kcal	kJ	Eiweiß	Fett	Kohlenhydrate	Ballaststoffe
348	1458	12 g	11 g	48 g	9 g

VEGETA-RISCH

Frühstück
Obstsalat

Für 2 Personen

Zutaten:
250 g Apfel
200 g Trauben
250 g Banane
50 g Mandarine
100 g Kiwi
300 g Naturjoghurt, fettarm (1,5 % Fett)

Zubereitung:
- Obst waschen, schälen und klein schneiden.
- Anschließend Joghurt mit dem kleingeschnittenen Obst vermischen.

Durchschnittliche Nährwertangaben pro Portion:

kcal	kJ	Eiweiß	Fett	Kohlenhydrate	Ballaststoffe
360	1502	8 g	4 g	68 g	9 g

VEGETA-RISCH

Frühstück

Bananen-Apfel-Müsli mit Pfirsich

Zubereitung:

- Apfel und Pfirsich waschen, entkernen und in mundgerechte Stücke schneiden.
- Banane schälen und ebenfalls in Stücke schneiden.
- Naturjoghurt und Müsli vermengen und mit den Früchten verrühren.
- Anschließend mit Honig süßen.

Für 2 Personen

Zutaten:
40 g Müsli (Vollkorn)
200 g Naturjoghurt, fettarm (1,5 % Fett)
200 g Apfel
100 g Banane
150 g Pfirsich
1 TL Honig

Durchschnittliche Nährwertangaben pro Portion:

kcal	kJ	Eiweiß	Fett	Kohlenhydrate	Ballaststoffe
266	1114	7 g	6 g	44 g	6 g

VEGETA-RISCH

Frühstück

Himbeer-Quark-Müsli

Für 2 Personen

Zutaten:
100 g Himbeeren
250 g Magerquark
60 g Müsli (Vollkorn)
1 TL Honig

Zubereitung:

- Den Honig mit dem Quark glatt rühren.
- 3 EL des Honig-Quarks mit der Hälfte der Himbeeren vermengen und pürieren.
- Im Wechsel Müsli, Quark (Pur) und Himbeer-Honig-Quark in ein Glas schichten und mit den restlichen Himbeeren und dem Müsli garnieren.

Tipp:
Verwenden Sie zwischendurch auch einmal einen anderen Honig wie z. B. Akazienhonig, Waldblütenhonig oder Rapshonig.

Durchschnittliche Nährwertangaben pro Portion:

kcal	kJ	Eiweiß	Fett	Kohlenhydrate	Ballaststoffe
237	992	20 g	5 g	23 g	4 g

Frühstück

Thunfischcreme mit Knäckebrot

Zubereitung:

- Zwiebeln schälen und in kleine Würfel schneiden.
- Tomaten waschen und in kleine Würfel schneiden.
- Gewürzgurken ebenfalls in kleine Würfel schneiden.
- Ei hart kochen (s. Tipp S. 32).
- Thunfisch, Zwiebeln, Tomate, Gewürzgurken, Ei und Frischkäse zu einer Creme verrühren und mit etwas Salz und Pfeffer würzen. Das Knäckebrot damit bestreichen.

Durchschnittliche Nährwertangaben pro Portion:

kcal	kJ	Eiweiß	Fett	Kohlenhydrate	Ballaststoffe
317	1324	21 g	12 g	32 g	7 g

Für 2 Personen

Zutaten:

80 g Knäckebrot (Vollkorn)
100 g Thunfisch, im eigenen Saft
1 Ei
70 g Zwiebeln
50 g Gewürzgurke
30 g Frischkäse, fettarm (10 % F. i. Tr.)
100 g Tomate
Salz
Pfeffer

Tipp:

Mit Salz sparsam umgehen. Verwenden Sie lieber frische Kräuter wie z. B. Schnittlauch, Rosmarin, Petersilie, Basilikum etc.

VEGETARISCH

Frühstück

Rührei mit Gemüse und Tofu

Für 2 Personen

Zutaten:
75 g Paprika
2 EL Schnittlauch
2 Eier
100 g Seidentofu
Salz
Pfeffer
1 TL Olivenöl

Zubereitung:

- Paprika fein würfeln und Schnittlauch in Röllchen schneiden.
- Eier und Seidentofu miteinander vermengen, mit etwas Salz und Pfeffer würzen.
- Öl in einer beschichteten Pfanne erhitzen, die Paprika für ca. 3 Minuten anbraten und dann die Ei-Tofu-Masse hinzugeben und unter Rühren stocken lassen.
- Zusammen mit dem Schnittlauch garnieren.

Info:
Seidentofu wird nicht abgetropft und hat von allen frischen Tofusorten den höchsten Feuchtigkeitsgehalt. In Japan und Korea wird traditioneller Seidentofu mit Meerwasser hergestellt.

Durchschnittliche Nährwertangaben pro Portion:

kcal	kJ	Eiweiß	Fett	Kohlenhydrate	Ballaststoffe
126	524	11 g	8 g	3 g	2 g

VEGETA-RISCH

Frühstück

Rührei mit Feta

Zubereitung:

- Eier verquirlen. Thymianblättchen von den Stielen zupfen und mit etwas Salz und Pfeffer zu der Eimasse geben.
- Tomaten waschen und vierteln. Feta zerbröseln.
- Öl in einer beschichteten Pfanne erhitzen. Eimasse hinzugeben und stocken lassen, dann leicht verrühren und Tomaten und Feta hinzugeben und abgedeckt für weitere 3 Minuten stocken lassen.

Für 2 Personen

Zutaten:

5 Eier
½ Bund Thymian
½ EL Rapsöl
150 g Kirschtomaten
100 g Feta, light
Salz
Pfeffer

Durchschnittliche Nährwertangaben pro Portion:

kcal	kJ	Eiweiß	Fett	Kohlenhydrate	Ballaststoffe
322	1342	27 g	23 g	3 g	< 1 g

Frühstück

Rührei mit Krabben

Für 2 Personen

Zutaten:

75 g Vollkornbrot (2 kleine Scheiben)
100 g Krabben
1 TL Rapsöl
60 g Tomaten
4 Eier
50 ml Milch, fettarm (1,5 % Fett)
½ Bund Dill, fein gehackt
Salz
Pfeffer

Zubereitung:

- Eier, Milch, etwas Salz und Pfeffer verquirlen.
- Rapsöl in der Pfanne erhitzen und die Eimasse bei mittlerer Hitze stocken lassen.
- Vorsichtig das Ei mit einem Pfannenwender von außen nach innen ziehen.
- Tomaten säubern und vierteln.
- Krabben, Tomaten und Dill unter das Rührei heben, warm werden lassen und mit Vollkornbrot servieren.

Durchschnittliche Nährwertangaben pro Portion:

kcal	kJ	Eiweiß	Fett	Kohlenhydrate	Ballaststoffe
326	1360	26 g	17 g	18 g	3 g

Frühstück

Lachsbrötchen mit Meerrettichquark

Zubereitung:

- Brötchen aufschneiden.
- Gurke schälen und in Scheiben schneiden.
- Quark mit Meerrettich, etwas Salz und Pfeffer vermengen und auf die Brötchenhälften streichen.
- Mit Gurke und Lachs belegen und mit Dill garnieren.

Für 2 Personen

Zutaten:
100 g Gurke
2 Vollkornbrötchen
100 g Magerquark
2 TL geriebener Meerrettich
80 g geräucherter Lachs
Salz
Pfeffer
Dill

Durchschnittliche Nährwertangaben pro Portion:

kcal	kJ	Eiweiß	Fett	Kohlenhydrate	Ballaststoffe
232	967	20 g	6 g	24 g	4 g

Frühstück

Vollkornsandwich

Für 2 Personen

Zutaten:
100 g Vollkorntoast (4 Scheiben)
100 g Gurke
100 g Tomate
100 g Eisbergsalat
100 g Kochschinken
250 g Kräuterquark, fettarm (10 % Fett)

Zubereitung:

- Gurke, Tomate und Eisbergsalat waschen. Anschließend Gurke und Tomate in Scheiben schneiden.
- Vollkorntoast toasten und mit dem Kräuterquark bestreichen.
- Vollkorntoast mit Salat, Kochschinken und den Tomaten- und Gurkenscheiben belegen.

Durchschnittliche Nährwertangaben pro Portion:

kcal	kJ	Eiweiß	Fett	Kohlenhydrate	Ballaststoffe
273	1143	30 g	4 g	27 g	6 g

VEGETARISCH

Frühstück

Knäckebrot-Apfel-Zimt

Zubereitung:

- Apfel waschen, entkernen und in Scheiben schneiden.
- Magerquark mit Honig und Zimt vermengen und auf das Knäckebrot streichen.
- Apfelscheiben auf dem Knäckebrot verteilen und mit Kresse garnieren.

Für 2 Personen

Zutaten:
80 g Knäckebrot (6 Scheiben)
200 g Magerquark
200 g Apfel
1 TL Honig
Zimt
1-2 EL Kresse

Durchschnittliche Nährwertangaben pro Portion:

kcal	kJ	Eiweiß	Fett	Kohlenhydrate	Ballaststoffe
264	1103	17 g	1 g	43 g	8 g

VEGETA-RISCH

Frühstück

Beeren-Müsli

Für 2 Personen

Zutaten:

400 g Naturjoghurt, fettarm (1,5 % Fett)
200 g Beerenobst (frisch oder TK)
75 g Haferflocken (Vollkorn)
30 g Walnüsse (gehackt)

Zubereitung:

- Frische Beeren waschen (tiefgekühlte Beeren auftauen) und je nach Größe halbieren.
- Beeren zusammen mit Haferflocken und Nüssen unter den Joghurt heben.

Durchschnittliche Nährwertangaben pro Portion:

kcal	kJ	Eiweiß	Fett	Kohlenhydrate	Ballaststoffe
307	1285	14 g	11 g	37 g	6 g

VEGETARISCH

Frühstück

Vollkornbrot mit Kräuterquark

Zubereitung:

- Magerquark mit Mineralwasser verrühren und mit etwas Salz und Pfeffer würzen.
- Kräuter waschen und fein hacken. Anschließend Quark mit Kräutern vermengen.
- Tomate, Gurke und Paprika waschen, in Scheiben schneiden und auf dem Teller anrichten.
- Den Kräuterquark dazugeben und mit dem Vollkornbrot servieren.

Für 2 Personen

Zutaten:
200 g Magerquark
30 ml Mineralwasser
2 EL frische Kräuter
150 g Tomate
100 g Gurke
100 g Paprika
75 g Vollkornbrot
Salz
Pfeffer

Durchschnittliche Nährwertangaben pro Portion:

kcal	kJ	Eiweiß	Fett	Kohlenhydrate	Ballaststoffe
192	804	18 g	0,7 g	25 g	7 g

VEGAN

Frühstück

Brotaufstrich Apfel-Curry

Für 9 Portionen

Zutaten:

200 g Tofu, natur, fest
1 Apfel (ca. 120 g), süß-säuerlich
1 EL Limettensaft
1 EL Rapsöl
1 TL Meersalz
1 TL Kurkuma
1 TL Curry, süß
1 TL Curry, scharf
1 Stück Ingwer (ca. 5 g)
Pfeffer

Zubereitung:

- Den Apfel schälen, vom Kerngehäuse befreien und würfeln.
- Mit dem Limettensaft im Mixer pürieren. Den Tofu würfeln und zusammen mit den anderen Zutaten zum Apfel geben. Alles zu einer homogenen Masse pürieren und nochmals abschmecken. Den fertigen Aufstrich in ein sauberes Schraubglas füllen und im Kühlschrank aufbewahren.

Durchschnittliche Nährwertangaben pro Portion:

kcal	kJ	Eiweiß	Fett	Kohlenhydrate	Ballaststoffe
41	173	2 g	3 g	2 g	< 1 g

VEGETARISCH

Frühstück

Brotaufstrich Möhren-Feta-Frischkäse

Für 10 Portionen

Zutaten:
200 g Möhren
200 g Feta, light
200 g Frischkäse, light (10 % F. i. Tr.)
1 Knoblauchzehe
Salz
Pfeffer
Curry
frische Kräuter (z.B. Olivenkraut, Schnittlauch, Petersilie)

Zubereitung:

- Möhren waschen, schälen und in kleinere Stücke schneiden. Den Knoblauch ebenfalls schälen und den Feta zerbröseln.
- Frischkäse, Feta, Knoblauch und Möhren zusammen im Mixer pürieren.
- Mit etwas Salz, Pfeffer, Curry und Kräutern abschmecken und nochmals verrühren.
- Den fertigen Aufstrich in ein sauberes Schraubglas füllen und im Kühlschrank aufbewahren.

Durchschnittliche Nährwertangaben pro Portion:

kcal	kJ	Eiweiß	Fett	Kohlenhydrate	Ballaststoffe
55	233	7 g	2 g	2 g	< 1 g

xlim Beilagen-Rezepte

Da das Auge immer mit isst, helfen schöne Beilagen die Attraktivität von Gerichten zu steigern. Gleichzeitig tragen sie durch ihre angenehme Konsistenz zu einem besseren Verzehrerlebnis bei und steigern das Essvergnügen.

VEGETARISCH

Beilagen

Italienischer Nudelsalat

Zubereitung:

- Bevor Sie die Nudeln in Gemüsebrühe bissfest kochen, entnehmen Sie ca. 2 EL der Gemüsebrühe für das Dressing.
- Für das Dressing die Knoblauchzehe schälen und die Frühlingszwiebeln sowie den Knoblauch fein hacken und mit Essig, Brühe, etwas Salz, Pfeffer und Öl vermengen.
- Mozzarella, Oliven und Tomaten klein schneiden.
- Rucola waschen und abtropfen lassen.
- Nudeln mit den restlichen Zutaten und dem Dressing vermengen.

Für 2 Personen

Zutaten:
120 g Vollkornnudeln
1 Knoblauchzehe*
80 g Kirschtomaten
8 Oliven
1 Frühlingszwiebel
60 g Mozzarella light
1,5 EL weißer Balsamico
1,5 l Gemüsebrühe
1 EL Olivenöl
30 g Rucola
Salz
Pfeffer

* Die Knoblauchzehe kann je nach Geschmack auch durch 1 Schalotte ersetzt werden.

Durchschnittliche Nährwertangaben pro Portion:

kcal	kJ	Eiweiß	Fett	Kohlenhydrate	Ballaststoffe
324	1357	12 g	11 g	45 g	< 1 g

VEGETA-RISCH

Beilagen

Schmorgemüse

Für 2 Personen

Zutaten:
750 g Gemüse
(z. B. Zucchini, Paprika, Tomate, Aubergine)
½ Zwiebel
1 Knoblauchzehe
100 ml Gemüsebrühe
200 g Kräuterquark, fettarm (10 % Fett)
1 TL Rapsöl
Salz
Pfeffer

Zubereitung:

- Zwiebeln und Knoblauch schälen und in kleine Stückchen schneiden.
- Restliches Gemüse ebenfalls klein schneiden.
- Zwiebeln und Knoblauch mit Öl in einer Pfanne anbraten. Zucchini und Paprika hinzufügen und einige Minuten braten.
- Tomatenstücke dazugeben und mit der aufgekochten Brühe ablöschen.
- Das Ganze köcheln lassen und mit etwas Salz und Pfeffer abschmecken.
- Kräuterquark zum Gemüse servieren.

Durchschnittliche Nährwertangaben pro Portion:

kcal	kJ	Eiweiß	Fett	Kohlenhydrate	Ballaststoffe
210	878	17 g	5 g	21 g	9 g

VEGETA-RISCH

Beilagen

Gurken-Mais-Salat

Zubereitung:

- Salat klein schneiden, waschen und abtropfen lassen.
- Gurke schälen und in Scheiben schneiden. Knoblauch ebenfalls schälen und fein hacken.
- Saure Sahne mit dem Quark verrühren, den gehackten Dill und Knoblauch hinzugeben und alles miteinander vermischen.
- Salat, Mais und Gurke mit dem Dip verrühren und mit etwas Salz und Pfeffer würzen.

Für 2 Personen

Zutaten:

180 g Salat (z. B. Eisbergsalat, Römersalat)
300 g Gurke
200 g Mais
1 EL Dill
60 g Saure Sahne
200 g Magerquark
1 Knoblauchzehe*
Salz
Pfeffer

* Die Knoblauchzehe kann je nach Geschmack auch durch 1 Schalotte ersetzt werden.

Durchschnittliche Nährwertangaben pro Portion:

kcal	kJ	Eiweiß	Fett	Kohlenhydrate	Ballaststoffe
214	846	19 g	5 g	20 g	2 g

VEGETARISCH

Beilagen

Kohlrabi-Tofu-Salat

Für 2 Personen

Zutaten:

½ EL Essig
1 TL Magerquark
1 EL Rapsöl
630 g Kohlrabi
½ EL Zitronensaft
75 g Tofu
10 g Petersilie
Salz

Zubereitung:

- Quark, Öl, Essig, etwas Salz und Zitronensaft zu einer sämigen Sauce verrühren.
- Kohlrabi schälen, in Würfel schneiden und zu der Sauce geben.
- Den Tofu in kleine Würfel schneiden und mit der Sauce und den Kohlrabi vermischen und etwas ziehen lassen.
- Petersilie waschen, hacken und über den Salat streuen.

Tipp: Dazu passt ein Püree (s. S. 58-61).

Durchschnittliche Nährwertangaben pro Portion:

kcal	kJ	Eiweiß	Fett	Kohlenhydrate	Ballaststoffe
180	757	10 g	9 g	14 g	5 g

VEGAN

Beilagen

Kohlroulade mit Quinoa

Zubereitung:

- Quinoa in kochendem Salzwasser nach Packungsanweisung garen.
- Kohl putzen, 14 Blätter ablösen und nacheinander in kochendem Wasser blanchieren. Kalt abschrecken und trocken tupfen. Dicke Blattrippe herausschneiden. Restlichen Kohl in feine Streifen schneiden (Strunk vorher entfernen).
- Knoblauch, Zwiebel und Ingwer schälen und fein hacken, Chilischote entkernen und ebenfalls klein hacken.
- Kartoffeln schälen, schneiden und klein würfeln.
- Backofen vorheizen (Umluft 200 °C). Öl in einem Topf erhitzen. Zwiebeln, Knoblauch, Ingwer und Chili darin andünsten. Kartoffeln und Kohlstreifen ca. 3 Minuten mitbraten. Tomaten hinzugeben und weitere 3 Minuten köcheln lassen. Quinoa unterrühren und mit etwas Salz und Pfeffer abschmecken.
- Backblech mit Backpapier auslegen. Kohlblätter mit 1-2 EL Quinoa-Gemüse-Masse füllen (auf das obere Drittel des Blattes geben, Blattränder einschlagen und aufrollen) und mit der Nahtseite nach unten auf das Backblech setzen. Im Ofen ca. 20 Minuten garen.

Für 14 Rouladen

Zutaten:

100 g Quinoa
50 g Spitzkohl, Weißkohl, Wirsing oder Chinakohl
1 Knoblauchzehe
35 g Zwiebel
5 g Ingwer
½ Chilischote (rot)
250 g Kartoffeln
3 EL Rapsöl
1 Dose (425 ml) Tomaten (stückig)
Salz
Pfeffer

Durchschnittliche Nährwertangaben pro Stück:

kcal	kJ	Eiweiß	Fett	Kohlenhydrate	Ballaststoffe
91	379	3 g	5 g	9 g	2 g

VEGAN

Beilagen

Blumenkohl mit Zitrone und Kräutern

Für 2 Personen

Zutaten:
450 g Blumenkohl
25 g Petersilie
1 EL Walnussöl
1 EL Koriandersamen, gemahlen
20 g Semmelbrösel
1 Zitrone
Salz
Pfeffer

Zubereitung:

- Blumenkohl waschen, in etwa gleich große Röschen teilen, mit einem Spritzer Zitronensaft und etwas Salz 12-15 Minuten garen. Abgießen.
- Frische Petersilie fein hacken.
- Öl in einer Pfanne erhitzen. Koriander und Semmelbrösel zufügen und bräunen.
- Zitronenschale einer Zitrone sowie den Saft, Petersilie, Pfeffer und etwas Salz zufügen und abschmecken.
- Die Brösel zusammen mit dem Blumenkohl anrichten.

Durchschnittliche Nährwertangaben pro Portion:

kcal	kJ	Eiweiß	Fett	Kohlenhydrate	Ballaststoffe
157	652	8 g	8 g	11 g	7 g

VEGAN

Beilagen

Blumenkohl mit Walnuss

Zubereitung:

- Blumenkohl waschen, in etwa gleich große Röschen teilen. Wasser mit etwas Salz und Zitronensaft zum Kochen bringen und den Blumenkohl ca. 12 – 15 Minuten kochen. Abgießen.
- Öl in einer Pfanne erhitzen. Walnüsse anrösten, Semmelbrösel hinzugeben und unter Rühren hellbraun anrösten. Mit Salz, Pfeffer und Liebstöckel würzen und über den Blumenkohl geben.
- Nach Belieben mit frischen Kräutern garnieren.

Für 2 Personen

Zutaten:
450 g Blumenkohl
1 – 1,5 EL Zitronensaft
1 EL Walnussöl
20 g Walnusskerne, gehackt
2 EL Semmelbrösel
2 EL Liebstöckel, fein gehackt
Salz
Pfeffer

Durchschnittliche Nährwertangaben pro Portion:

kcal	kJ	Eiweiß	Fett	Kohlenhydrate	Ballaststoffe
197	820	9 g	11 g	14 g	8 g

VEGETA-RISCH

Beilagen

Möhren-Kartoffel-Püree

Für 2 Personen

Zutaten:

300 g Möhren
100 g Kartoffeln (mehligkochend)
5 g Ingwer (frisch)
200 ml Gemüsebrühe
½ EL Saure Sahne
1 Prise Muskatnuss
Koriander (gemahlen)
Salz
Pfeffer
Schnittlauch

Zubereitung:

- Möhren, Ingwer und Kartoffeln schälen, in Würfel schneiden und in der Gemüsebrühe ca. 20 Minuten bei geschlossenem Deckel garen.
- Abgießen und pürieren.
- Saure Sahne unterziehen und mit etwas Salz, Pfeffer, Muskatnuss und Koriander würzen und mit Schnittlauch garnieren.

Durchschnittliche Nährwertangaben pro Portion:

kcal	kJ	Eiweiß	Fett	Kohlenhydrate	Ballaststoffe
114	474	3 g	3 g	19 g	5 g

VEGETA-
RISCH

Beilagen

Sellerie-Kartoffel-Püree

Zubereitung:

- Sellerie und Kartoffeln schälen, in Würfel schneiden und in der Gemüsebrühe ca. 20 Minuten bei geschlossenem Deckel garen.
- Abgießen und pürieren.
- Saure Sahne unterziehen und mit etwas Salz, Pfeffer und Muskatnuss würzen.

Für 2 Personen

Zutaten:

300 g Knollensellerie
100 g Kartoffeln
200 ml Gemüsebrühe
½ EL Saure Sahne
1 Prise Muskatnuss
Salz
Pfeffer

Durchschnittliche Nährwertangaben pro Portion:

kcal	kJ	Eiweiß	Fett	Kohlenhydrate	Ballaststoffe
94	397	5 g	3 g	12 g	7 g

VEGETARISCH

Beilagen

Petersilien-Kartoffel-Püree

Für 2 Personen

Zutaten:
300 g Petersilienwurzeln
100 g Kartoffeln (mehligkochend)
200 ml Gemüsebrühe
½ EL Saure Sahne
1 Prise Muskatnuss
2 EL Petersilie (gehackt)
Salz
Pfeffer

Zubereitung:

- Petersilienwurzeln und Kartoffeln schälen, in Würfel schneiden und in der Gemüsebrühe ca. 20 Minuten bei geschlossenem Deckel garen.
- Abgießen und pürieren.
- Saure Sahne und Petersilie unterziehen und mit etwas Salz, Pfeffer und Muskatnuss würzen.

Durchschnittliche Nährwertangaben pro Portion:

kcal	kJ	Eiweiß	Fett	Kohlenhydrate	Ballaststoffe
123	517	7 g	4 g	18 g	7 g

VEGETA-RISCH

Beilagen

Kürbis-Kartoffel-Püree

Für 2 Personen

Zutaten:

300 g Hokkaido-Kürbis
100 g Kartoffeln (mehligkochend)
200 ml Gemüsebrühe
½ EL Saure Sahne
1 EL Kürbiskerne
1 Prise Muskatnuss
Salz
Pfeffer

Zubereitung:

- Kürbis entkernen.
- Kartoffeln schälen. Kartoffeln und Kürbis in Würfel schneiden und in der Gemüsebrühe ca. 20 Minuten bei geschlossenem Deckel garen.
- Abgießen und pürieren.
- Saure Sahne unterziehen und mit etwas Salz, Pfeffer und Muskatnuss würzen.

Durchschnittliche Nährwertangaben pro Portion:

kcal	kJ	Eiweiß	Fett	Kohlenhydrate	Ballaststoffe
141	592	6 g	6 g	17 g	4 g

VEGETA-RISCH

Beilagen

Frischer Kartoffelsalat

Für 2 Personen

Zutaten:
400 g Kartoffeln (festkochend)
150 g Cornichons
50 g Frühlingszwiebeln
2 TL Senf
90 g Frischkäse, fettarm (10 % F. i. Tr.)
6 EL Gewürzgurkensud
Salz
Pfeffer

Zubereitung:

- Kartoffeln in Salzwasser ca. 20-25 Minuten kochen.
- Pellen, abkühlen lassen und in Scheiben schneiden. Cornichons klein schneiden. Frühlingszwiebeln in Ringe schneiden. Alles miteinander vermischen.
- Für das Dressing Senf, Frischkäse, Gewürzgurkensud, etwas Salz und Pfeffer miteinander verrühren und über das Gemüse geben. Ca. ½ Stunde durchziehen lassen.

Durchschnittliche Nährwertangaben pro Portion:

kcal	kJ	Eiweiß	Fett	Kohlenhydrate	Ballaststoffe
202	847	9 g	< 1 g	37 g	4 g

xlim Rezepte für leichte Gerichte

Für den Fall, dass Sie Ihren Magen nicht so belasten wollen, weil Sie vielleicht zu viel gefrühstückt haben oder abends noch essen gehen wollen, haben wir köstliche leichte Gerichte, die Ihren Magen nicht belasten aber dennoch satt machen. Sie können sich diese auch zu Hause zubereiten und sie einpacken, um sie als Mittagessen mit zur Arbeit zu nehmen.

Leichte Gerichte

Salat mit Ei und Thunfisch

Für 2 Personen

Zutaten:
1 Ei
100 g Tomate
100 g Thunfisch, im eigenen Saft
200 g Gurke
400 g Salat
½ Zwiebel
5 Oliven
1 TL Leinöl
1 Knoblauchzehe
1 TL Oregano
2 EL Apfelessig
Salz
Pfeffer

Zubereitung:

- Ei hart kochen (s. S. 32).
- Salat waschen und in mundgerechte Stücke zerkleinern.
- Tomate in feine Spalten schneiden, Gurke in Scheiben schneiden.
- Knoblauch und Zwiebel schälen und fein hacken.
- Alles zusammen mit den Oliven vermengen.
- Ei pellen und in Spalten schneiden.
- Thunfisch abtropfen lassen und zusammen mit dem Ei auf dem Salat verteilen.
- Aus Öl, Pfeffer, etwas Salz, Essig und Oregano ein Dressing zubereiten und mit etwas Wasser verdünnen. Das Dressing erst kurz vor dem Verzehr über den Salat geben.

Durchschnittliche Nährwertangaben pro Portion:

kcal	kJ	Eiweiß	Fett	Kohlenhydrate	Ballaststoffe
242	1010	19 g	15 g	8 g	4 g

VEGETA-
RISCH

Leichte Gerichte

Kartoffel-Tomaten-Gratin mit Basilikum

Für 2 Personen

Zutaten:
300 g Tomaten
100 g Crème fraiche légère
60 ml Wasser
130 g Saure Sahne
½ Bund Basilikum
250 g Kartoffeln (festkochend)
5 g Diätmargarine (zum Einfetten)
Salz
Pfeffer

Zubereitung:

- Kartoffeln schälen und in Scheiben schneiden.
- Tomaten kreuzweise einschneiden und 10 Sekunden in kochendes Wasser tauchen, dann die Haut abziehen und die Tomaten in Scheiben schneiden.
- Backofen vorheizen (Umluft 225°C).
- Eine kleine Auflaufform mit der Margarine einfetten und von unten nach oben im Wechsel Tomatenscheiben, Basilikumblätter und Kartoffelscheiben einschichten.
- Crème fraiche légère, Wasser, Saure Sahne, Salz und Pfeffer miteinander verrühren, über das Gemüse geben und im vorgeheizten Backofen ca. 40-45 Minuten backen.

Durchschnittliche Nährwertangaben pro Portion:

kcal	kJ	Eiweiß	Fett	Kohlenhydrate	Ballaststoffe
319	1337	9 g	17 g	32 g	6 g

Leichte Gerichte

Salatpäckchen mit Thunfischfüllung

Zubereitung:

- Ingwer schälen und fein reiben.
- Den Thunfisch abtropfen lassen, mit einer Gabel zerdrücken und in eine Schüssel mit dem Frischkäse, dem Zitronensaft, dem geriebenen Ingwer, dem gehackten Zitronengras und dem Chilipulver geben.
- Die gewaschenen Salatblätter auf einen großen Teller legen und jeweils auf den unteren Rand in der Mitte des Blattes die Thunfischpaste verteilen. Dann einige Bohnensprossen darüber streuen.
- Nun die Salatteile einschlagen. Falls notwendig mit einem Zahnstocher fixieren.

Für 12 Stück

Zutaten:

150 g Thunfisch, im eigenen Saft
100 g Frischkäse, fettarm (10 % F. i. Tr.)
40 g Bohnensprossen
10 g Ingwer (frisch)
2 TL Zitronensaft
12 große Salatblätter
Zitronengras (gehackt)
Chilipulver

Durchschnittliche Nährwertangaben pro Portion (6 Stück):

kcal	kJ	Eiweiß	Fett	Kohlenhydrate	Ballaststoffe
224	939	24 g	13 g	4 g	< 1 g

Leichte Gerichte

Gemüseröllchen

Für 2 Personen

Zutaten:
200 g Kochschinken
100 g Kohlrabi
100 g Zucchini
200 g Möhren
30 g Kräuterquark, fettarm (10 % Fett)
Pfeffer
Salz

Zubereitung:

- Das Gemüse schälen und in Stifte schneiden. Kräuterquark mit Pfeffer und etwas Salz würzen.

- Anschließend den Kräuterquark auf die Schinkenscheiben streichen, Gemüsestifte darauflegen und einrollen.

Durchschnittliche Nährwertangaben pro Portion:

kcal	kJ	Eiweiß	Fett	Kohlenhydrate	Ballaststoffe
193	810	26 g	4 g	12 g	4 g

VEGETA-RISCH

Leichte Gerichte

Gemüsesticks mit Kapern-Dip

Für 3 Personen

300 g Möhren
300 g Kohlrabi
300 g Paprika

Zutaten für den Dip
150 g Crème fraiche légère
½ EL Senf
50 g Radieschen
35 g Zwiebel
10 g Kapern
1 EL Dill

Zubereitung:
- Gemüse schälen und in Streifen schneiden.

Für den Dip:
- Crème fraiche légère mit Senf verrühren, Radieschen und Zwiebel fein würfeln und mit den restlichen Zutaten vermengen.

Durchschnittliche Nährwertangaben pro Portion:

kcal	kJ	Eiweiß	Fett	Kohlenhydrate	Ballaststoffe
283	1184	9 g	13 g	32 g	13 g

VEGETARISCH

Leichte Gerichte

Quinoa-Möhren-Bratlinge

Für 6 Stück

Zutaten:

50 g Quinoa
100 ml Gemüsebrühe
200 g Kartoffeln
175 g Möhren
1 Ei
1 EL Vollkornmehl
½ EL Crème fraiche légère
1 EL Rapsöl
Kräuter (z. B. Petersilie)
Pfeffer
Salz

Zubereitung:

- Quinoa in kochende Gemüsebrühe geben und bei schwacher Hitze ca. 15 Minuten quellen lassen.
- Kartoffeln und Möhren schälen und grob raspeln.
- Mit Quinoa, 1 Ei, Mehl, Crème fraiche légère, Kräutern, etwas Salz und Pfeffer vermengen und abschmecken.
- Rapsöl in einer beschichteten Pfanne erhitzen.
- Aus dem Teig 6 Bratlinge formen und in Rapsöl goldgelb braten.

Durchschnittliche Nährwertangaben pro Portion (3 Bratlinge):

kcal	kJ	Eiweiß	Fett	Kohlenhydrate	Ballaststoffe
325	1358	11 g	13 g	40 g	6 g

VEGETARISCH

Leichte Gerichte

Feurige Quinoa-Bratlinge

Zubereitung:

- Quinoa in der Gemüsebrühe zum Kochen bringen und ca. 20 Minuten auf kleiner Stufe garen.
- 100 g Kidneybohnen, Feta, Chilischote (entkernt), Zwiebel, Knoblauchzehe und Tomatenmark pürieren.
- Mit Quinoa, 50 g Kidneybohnen, Ei, Maismehl und Gewürzen verkneten und abschmecken.
- Rapsöl in einer beschichteten Pfanne erhitzen.
- 6 Bratlinge formen, in Maismehl wenden und in Rapsöl goldbraun backen.

Durchschnittliche Nährwertangaben pro Portion (2 Bratlinge):

kcal	kJ	Eiweiß	Fett	Kohlenhydrate	Ballaststoffe
332	1926	14 g	18 g	28 g	8 g

Für 6 Stück

Zutaten:
50 g Quinoa
125 ml Gemüsebrühe
150 g Kidneybohnen
50 g Feta, light
1 mittelgroße Chilischote
30 g Zwiebel
1 Knoblauchzehe
1 EL Tomatenmark
1 Ei
40 g Maismehl
1 Messerspitze Kreuzkümmel
2 EL Rapsöl

nach Belieben:
Oregano
Koriander
Pfeffer
Salz

VEGETARISCH

Leichte Gerichte

Porree-Champignon-Frittata

Für 2 Personen

Zutaten:

230 g Porree
200 g Champignons
30 g Zwiebel
1 Knoblauchzehe
1 EL Rapsöl
3 Eier
3 EL Milch, fettarm (1,5 % Fett)
Salz
Pfeffer

Tipp: Dazu passt eine leckere Scheibe Vollkornbrot.

Zubereitung:

- Backofen vorheizen (Umluft 175°C).
- Porree in kleine Ringe schneiden. Champignons putzen und in Stücke schneiden. Zwiebel und Knoblauch schälen und ebenfalls klein hacken.
- Öl in einer ofenfesten Pfanne erhitzen und den Porree sowie die Champignons je nach gewünschter Bissfestigkeit kurz anbraten. Zwiebeln und Knoblauch mit anbraten.
- Eier mit Milch, etwas Salz und Pfeffer verquirlen und über das Gemüse geben.
- In der ofenfesten Pfanne oder in einer runden ofenfesten Form im vorgeheizten Backofen rund 20 Minuten stocken lassen. Die Frittata sollte eine gold-gelbe Farbe annehmen.
- Anschließend die Frittata vierteln und auf einem Teller anrichten.

Durchschnittliche Nährwertangaben pro Portion:

kcal	kJ	Eiweiß	Fett	Kohlenhydrate	Ballaststoffe
223	931	16 g	14 g	8 g	5 g

VEGETA-RISCH

Leichte Gerichte

Vegetarische Frikadellen

Zubereitung:

- Tofu in einer Schüssel mit einer Gabel zerdrücken.
- Schalotten schälen und zusammen mit der Frühlingszwiebel, den Cornichons und der Petersilie sehr fein hacken (ggf. mit dem Küchenmixer).
- Schalotten-Cornichon-Mischung zu dem Tofu geben und Senf, Ei, Semmelbrösel sowie Gewürze nach Belieben hinzugeben, alles gut vermengen und 15 Frikadellen formen.
- Öl in einer Pfanne erhitzen und die Frikadellen darin rundherum braun braten.

Für 2 Personen

Zutaten:
250 g Tofu
2 Schalotten
1 Frühlingszwiebel
3 Cornichons
1 EL Senf
½ Bund Petersilie, glatt
60 g Semmelbrösel
1 Ei
2-3 EL Olivenöl
Chilipulver
Salz
schwarzer Pfeffer
Koriander
Kurkuma
Sojasauce
Oregano

Durchschnittliche Nährwertangaben pro Portion (5 Stück):

kcal	kJ	Eiweiß	Fett	Kohlenhydrate	Ballaststoffe
310	1285	12 g	22 g	18 g	1,5 g

Leichte Gerichte

Schinken-Hähnchen-Filet mit Feldsalat

Für 2 Personen

Zutaten Hähnchen-Filet:
350 g Hähnchenbrustfilet (2 Stück)
40 g Parmaschinken (2 Scheiben)
½ Bund Basilikum
1 Knoblauchzehe*
30 g Frischkäse, fettarm (10 % F. i. Tr.)
Schale von ½ unbehandelten Zitrone
1 EL Rapsöl
Salz
Pfeffer

Zutaten Feldsalat:
60 g Feldsalat
1 EL Olivenöl
½ EL Essig
Salz
Pfeffer

* Die Knoblauchzehe kann je nach Geschmack auch durch 1 Schalotte ersetzt werden.

Zubereitung:

- Filets tief einschneiden.
- Fleisch mit etwas Salz und Pfeffer würzen.
- Knoblauch schälen. Basilikum und Knoblauch klein hacken, Schale mit einem Zestenreißer von der Zitrone abschälen und alles mit Frischkäse verrühren und in die Filettaschen füllen. Filet mit Schinken umwickeln und mit Holzstäbchen feststecken.
- Öl in einer Pfanne erhitzen. Filets rundherum scharf anbraten und bei schwacher Hitze mit geschlossenem Deckel unter gelegentlichem Wenden je nach Dicke des Fleisches ca. 15-20 Minuten braten.
- Öl mit dem Essig vermengen, mit etwas Salz und Pfeffer abschmecken und über den Salat geben. Salat zusammen mit dem Schinken-Hähnchen-Filet anrichten.

Durchschnittliche Nährwertangaben pro Portion:

kcal	kJ	Eiweiß	Fett	Kohlenhydrate	Ballaststoffe
388	1636	48 g	21 g	3 g	< 2 g

Leichte Gerichte

Puten-Frikadellen mit pikantem Dip

Zubereitung:

- Backofen vorheizen (Umluft 200°C).
- Das Gehackte mit den klein geschnittenen Zwiebeln, der klein geschnittenen Paprikaschote, dem zerbröselten Feta, dem Ei und den Gewürzen gut vermischen.
- Frikadellen daraus formen und im vorgeheizten Backofen für 20 - 30 Minuten backen.
- Mit Ajvar angerichtet servieren.

Für 2 Personen

Zutaten Frikadellen (ca. 10 Stück):

300 g Putenhackfleisch
1 Zwiebel
150 g Paprika, gegrillt (aus dem Glas oder selbst zubereitet s. S. 101)
80 g Feta, light
2 TL Paprikapulver
Salz
Pfeffer

Als Dip:

2 EL Ajvar

Tipp: Dazu passt der Kohlrabi-Tofu-Salat von Seite 54 oder der Kartoffelsalat von Seite 62.

Durchschnittliche Nährwertangaben pro Portion (5 Stück):

kcal	kJ	Eiweiß	Fett	Kohlenhydrate	Ballaststoffe
350	1463	39 g	20 g	4 g	2 g

VEGETA-RISCH

Leichte Gerichte

Gefüllte Zucchini

Für 2 Personen

Zutaten:
360 g Zucchini
1 Chilischote
30 g Schalotte
2 Zweige Rosmarin, abgezupft
2 Zweige Petersilie, glatt
1 EL Olivenöl
200 g Feta, light
Salz
Pfeffer

Zubereitung:

- Zucchini waschen, trocken tupfen und halbieren. Das Fruchtfleisch mit einem Löffel heraus schaben. Chilischote halbieren, entkernen und fein würfeln. Schalotte schälen und fein würfeln. Kräuter waschen und klein hacken.
- 1 EL Öl in einer Pfanne erhitzen. Schalotte und Chilischote darin anschwitzen. Zucchini-Fruchtfleisch zufügen. Mit Kräutern, etwas Salz und Pfeffer würzen und zur Seite stellen.
- Backofen vorheizen (Umluft 180 °C).
- 180 g Feta zerbröseln und unter das Gemüse heben. Die Zucchinihälften damit füllen und in eine Auflaufform setzen. Übrigen Feta darüber verteilen.
- 5 EL Wasser in die Auflaufform zugießen.
- Ca. 30 Minuten backen.

Durchschnittliche Nährwertangaben pro Portion:

kcal	kJ	Eiweiß	Fett	Kohlenhydrate	Ballaststoffe
272	1134	23 g	17 g	5 g	2 g

VEGETARISCH

Leichte Gerichte

Pilzgericht mit leichter Aioli

Für 2 Personen

Zutaten für die Aioli:

1 Ei
250 g Magerquark
2 Knoblauchzehen
1 TL Senf
1 TL Zitronensaft
1 EL Rapsöl
Salz

Zutaten für das Pilzgericht:

200 g Champignons
200 g Kräuterseitlinge
100 g Austernpilze
1 Schalotte
1 EL Rapsöl
3 - 4 EL Schnittlauch
Salz
Pfeffer

Zubereitung Aioli:

- Das Ei hart kochen und pellen. Knoblauch schälen und fein hacken. Zusammen mit Magerquark, Senf, Zitronensaft, Öl und Salz mit dem Handrührgerät vermischen.

Zubereitung Pilzgericht:

- Pilze putzen und je nach Größe halbieren oder vierteln.
- Schalotte schälen und fein würfeln.
- Öl in einer Pfanne erhitzen und die Schalotte mit den Pilzen anbraten. Mit etwas Salz und Pfeffer würzen.
- Zum Schluss Schnittlauch unterheben.
- Pilze mit 2 EL Aioli anrichten.

Tipp: Passt gut zu Hähnchenbrust-Filet oder für Vegetarier z. B. zu den Kohlrouladen mit Quinoa (s. S. 55).

Durchschnittliche Nährwertangaben pro Portion:

kcal	kJ	Eiweiß	Fett	Kohlenhydrate	Ballaststoffe
150	627	11 g	9 g	6 g	7 g

VEGETA-RISCH

Leichte Gerichte

Gefüllte Aubergine mit Chinakohl

Für 2 Personen

Zutaten:
1 Aubergine (340 g)
1 Knoblauchzehe
2 EL Semmelbrösel
1 TL Zitronensaft
Schale von ½ Bio-Zitrone, abgerieben
35 g Zwiebel
250 g Chinakohl
1 EL Olivenöl
30 g geriebener Käse
Salz
Pfeffer
Curry

Zubereitung:

- Für das Topping Knoblauch schälen und fein hacken, mit Semmelbröseln, Zitronenschale und dem Käse vermischen und etwas salzen und pfeffern.
- Chinakohl putzen, halbieren und in mundgerechte Stücke schneiden. Zwiebel schälen und fein würfeln. Auberginen waschen und längs halbieren. Fruchtfleisch mit einem Löffel heraus schaben, sehr klein würfeln und sowohl das Fruchtfleisch als auch die Auberginenhälften mit Zitronensaft beträufeln. Die Hälften etwas salzen.
- Backofen vorheizen (Umluft 150°C).
- Öl in einer beschichteten Pfanne erhitzen. Zwiebel, Auberginenwürfel und Kohl darin anbraten. Ca. 4 EL Wasser hinzufügen. Unter Rühren 5 Minuten anbraten. Mit Curry, etwas Salz und Pfeffer würzen und in den Auberginenhälften verteilen. Das Topping oben drauf geben. Auberginenhälften auf ein Backblech setzen und für ca. 50 Minuten backen.

Durchschnittliche Nährwertangaben pro Portion:

kcal	kJ	Eiweiß	Fett	Kohlenhydrate	Ballaststoffe
232	974	11 g	11 g	19 g	8 g

Leichte Gerichte

Zucchini mit Thunfisch

Zubereitung:

- Zucchini und Paprika waschen, halbieren und in Stücke schneiden.
- Die Schalotte fein hacken und im heißen Olivenöl in der Pfanne anschwitzen.
- Das geschnittene Gemüse dazugeben und schön anbräunen.
- Je nach Belieben Gewürze hinzufügen.
- Den zerpflückten Thunfisch mit etwas eigenem Saft zu den Schalotten in der Pfanne geben und erwärmen.
- Durch die Zugabe des Frischkäses ergibt sich eine sämige Sauce.
- Den in kleine Würfel geschnittenen Mozzarella darauf verteilen und leicht schmelzen lassen.
- Mit frischen Basilikumblättern abschmecken.

Für 2 Personen

Zutaten:

100 g Paprika
200 g Zucchini
130 g Thunfisch, im eigenen Saft
125 g Mozzarella, light (30 % Fett i. Tr.)
30 g Schalotte
1,5 EL Olivenöl
2 EL Frischkäse, light
etwas frischer Basilikum

Je nach Belieben dazugeben:

Roter Pfeffer
10 Cherrytomaten
Chilipulver
Salz
Pfeffer

Durchschnittliche Nährwertangaben pro Portion:

kcal	kJ	Eiweiß	Fett	Kohlenhydrate	Ballaststoffe
383	1602	28 g	27 g	7 g	2 g

Tipp: Mit 70 g Vollkornreis ein leckeres Hauptgericht.

xlim Suppen-Rezepte

Auch Suppen können ohne Fleisch und Zucker zubereitet sehr gut schmecken und nachhaltig sättigen. Durch entsprechende Gewürze angereichert, sind sie eine Bereicherung Ihres Speisezettels.

Suppen

Kartoffel-Möhren-Suppe

Zubereitung:

- Kartoffeln und Möhren schälen und zerkleinern. Porree putzen und in Ringe schneiden. Sellerie schälen und zerkleinern.

- Gemüse in einen Kochtopf geben und mit Wasser bedecken. Topfdeckel auflegen, ankochen und ca. 20 Minuten auf mittlerer Hitze kochen lassen, bis das Gargut weich ist. Je nach gewünschter Konsistenz der Suppe, die Hälfte des Kochwassers in einen Messbecher abgießen und die Herdplatte auf niedrige Wärmestufe einstellen.

- Alles mit dem Pürierstab zu einer feinen, cremigen Suppe verarbeiten. Sollte die Suppenkonsistenz zu breiig sein, kann das aufgefangene Kochwasser esslöffelweise hinzugegeben werden.

- Mit etwas Salz, Pfeffer, Muskatnuss und Ingwer (gerieben) würzen.

Für 2 Personen

Zutaten:
350 g Kartoffeln (mehligkochend)
320 g Möhren
80 g Porree (Lauch)
80 g Knollensellerie
10 g Ingwer (frisch)
Wasser
Salz
Pfeffer
Muskatnuss

Tipp:

Selbstgemachte Brühe (ca. 3 Liter) **3 Zwiebeln**, **900 g gemischtes Gemüse** (z. B. Petersilienwurzel, Porree, Knollensellerie, Möhren) schälen und grob würfeln. **1,5 EL Olivenöl** in einem großen Topf erhitzen und das Gemüse darin andünsten. **3 Liter Wasser** aufgießen und zum Kochen bringen. **Gewürze** (etwas Salz, 10 Pfefferkörner) und **Kräuter** (z. B. Liebstöckel, 4 Lorbeerblätter, 4 Stiele Rosmarin) hinzugeben und für 1,5 Stunden bei kleiner Hitze köcheln lassen. Durch ein Sieb abgießen und die Brühe auffangen. Die Brühe kann portionsweise eingefroren und nach Bedarf aufgetaut werden.

Durchschnittliche Nährwertangaben pro Portion:

kcal	kJ	Eiweiß	Fett	Kohlenhydrate	Ballaststoffe
197	824	6 g	1 g	41 g	10 g

VEGETA-RISCH

Suppen

Kohlrabi-Pfifferling-Suppe

Für 2 Personen

Zutaten:
140 g Pfifferlinge
270 g Kohlrabi
200 g Porree (Lauch)
2 Zwiebeln
100 g Frischkäse, fettarm (10 % F. i. Tr.)
500 ml Gemüsebrühe
½ EL Rapsöl
½ Bund Petersilie

Tipp:
Je nach Vorliebe noch Wasser oder Brühe für die Konsistenz hinzufügen.

Zubereitung:

- Zwiebeln, Pfifferlinge und Kohlrabi klein schneiden, Porree in Ringe schneiden.
- Zwiebeln, Pfifferlinge und Porree in einem Topf mit Öl andünsten.
- Brühe dazugießen, Kohlrabi dazugeben und 15 Minuten bei mittlerer Hitze köcheln lassen.
- Danach alles mit dem Pürierstab pürieren.
- Frischkäse dazugeben und in der Suppe auflösen. Petersilie klein hacken, dazugeben und die Suppe mit Salz und Pfeffer würzen.

Durchschnittliche Nährwertangaben pro Portion:

kcal	kJ	Eiweiß	Fett	Kohlenhydrate	Ballaststoffe
232	973	17 g	10 g	18 g	11 g

VEGETARISCH

Suppen

Herbst-Suppe

Zubereitung:

- Den Kürbis entkernen, in grobe Würfel schneiden, und in einer Pfanne mit der kleingehackten Zwiebel in etwas Öl kurz anbraten.
- In einem Topf die Gemüsebrühe aufkochen, die Kürbiswürfel dazugeben, die Möhre schälen, würfeln und mitkochen.
- Nach ca. 20 Minuten alles pürieren und für ein paar Minuten weiter köcheln lassen.
- Dann Cremefine dazugeben, umrühren und mit Curry, Pfeffer und etwas Salz abschmecken.
- Mit Kürbiskernen garniert servieren.

Für 2 Personen

Zutaten:

250 g Hokkaido-Kürbis
300 ml Gemüsebrühe
1 EL Rapsöl
50 g Cremefine (zum Kochen)
1 Zwiebel
200 g Möhren
1 EL Kürbiskerne
Curry
Pfeffer
Salz

Durchschnittliche Nährwertangaben pro Portion:

kcal	kJ	Eiweiß	Fett	Kohlenhydrate	Ballaststoffe
238	994	7 g	16 g	18 g	7 g

VEGAN

Suppen

Gemüseeintopf mit Tofu

Für 2 Personen

Zutaten:
230 g Möhren
330 g Zucchini
2 Frühlingszwiebeln
2 EL Rapsöl
330 ml Gemüsebrühe
130 g Kräutertofu
½ Bund Petersilie
Salz
weißer Pfeffer

Zubereitung:

- Die Möhren putzen, waschen und in Scheiben schneiden.
- Zucchini und Frühlingszwiebeln ebenfalls putzen, waschen. Die Zucchini und die Frühlingszwiebeln in Ringe schneiden.
- Die Hälfte des Öls (1 EL) in einem Topf erhitzen, das Gemüse kurz anschwitzen, mit der Gemüsebrühe auffüllen und 15 Minuten garen.
- Dann den Tofu in kleine Würfel schneiden und im restlichen Öl rundum knusprig braun braten, zum Gemüse geben, mit etwas Salz und Pfeffer abschmecken, die gehackte, frische Petersilie darüber streuen und servieren.

Durchschnittliche Nährwertangaben pro Portion:

kcal	kJ	Eiweiß	Fett	Kohlenhydrate	Ballaststoffe
308	1285	12 g	22 g	16 g	6 g

VEGETARISCH

Suppen

Bohneneintopf mit Feta

Zubereitung:

- Möhren und Sellerie schälen, Zucchini waschen und alles in mundgerechte Stücke schneiden. Knoblauch und Zwiebeln schälen und fein hacken.
- Öl in einem Topf erhitzen. Möhren, Sellerie und Zucchini darin bei mittlerer Hitze andünsten. Nach ca. 5 Minuten Zwiebeln und Knoblauch hinzufügen.
- Tomaten mit Saft und Gemüsebrühe hinzugeben und zugedeckt bei mittlerer Hitze ca. 15 Minuten köcheln lassen. Tomaten leicht zerdrücken. So lange Wasser hinzufügen bis gewünschte Konsistenz erreicht ist.
- Bohnen abspülen und abtropfen lassen, in die Suppe geben, weitere 5 Minuten köcheln lassen und mit etwas Salz, Pfeffer und Bohnenkraut abschmecken.
- Die Suppe anrichten und Feta (zerbröselt) hinzugeben.

Für 2 Personen

Zutaten:

35 g Zwiebel
150 g Möhren
250 g Knollensellerie
½ Zucchini (ca. 100 g)
1 Knoblauchzehe
1 EL Olivenöl
1 Dose geschälte Tomaten (400 ml)
250 ml Gemüsebrühe
1 Dose weiße Bohnen
(Abtropfgewicht: 240 g)
100 g Feta, light
Kräuter (z. B. Bohnenkraut)
Salz
Pfeffer

Durchschnittliche Nährwertangaben pro Portion:

kcal	kJ	Eiweiß	Fett	Kohlenhydrate	Ballaststoffe
208	867	14 g	9 g	19 g	7 g

VEGETARISCH

Suppen

Tomatencreme-Suppe

Für 2 Personen

Zutaten:

500 g Tomaten
200 g Suppengemüse
1 Zwiebel
350 ml Gemüsebrühe
30 g Saure Sahne
½ Bund Basilikum
1 EL Olivenöl
Salz
Pfeffer
Oregano

Zubereitung:

- Tomaten und Suppengemüse klein schneiden. Zwiebeln mit dem Öl in einem Topf glasig braten.
- Tomaten und das Suppengemüse in den Topf geben und kurz anbraten.
- Anschließend mit der aufgekochten Gemüsebrühe ablöschen und ca. 25 Minuten köcheln lassen.
- Danach alles mit einem Pürierstab pürieren.
- Das frisch gehackte Basilikum und die saure Sahne hinzufügen und noch mal kurz aufkochen lassen.
- Alles umrühren und mit etwas Salz und nach Belieben mit Pfeffer und Oregano würzen.

Durchschnittliche Nährwertangaben pro Portion:

kcal	kJ	Eiweiß	Fett	Kohlenhydrate	Ballaststoffe
220	926	7 g	14 g	17 g	8 g

VEGAN

Suppen

Leichte Gemüsesuppe

Zubereitung:

- Je nach Gemüseart dieses vorher schälen, waschen und anschließend in möglichst kleine Würfel schneiden.
- Wasser zusammen mit der Gemüsebrühe zum Kochen bringen.
- Das Gemüse und die gehackte Petersilie in den Topf geben und garen.
- Tomaten hinzufügen und mit etwas Salz, Pfeffer, Muskatnuss und Chili würzen. Alles noch mal gut verrühren und kurz aufkochen lassen.
- Je nach gewünschter Konsistenz noch mit weiterem Wasser verdünnen.

Für 2 Personen

Zutaten:

1 Zwiebel
150 g Porree (Lauch)
100 g Kohlrabi
100 g Möhren
150 g Blumenkohl
150 g Wirsing
50 g Petersilie
150 g Tomaten (Dose)
750 ml Wasser
1 EL Gemüsebrühe (Instant-Pulver)
Salz
Pfeffer
Muskatnuss
Chilipulver

Durchschnittliche Nährwertangaben pro Portion:

kcal	kJ	Eiweiß	Fett	Kohlenhydrate	Ballaststoffe
147	614	12 g	1 g	19 g	11 g

VEGAN

Suppen

Möhren-Orangen-Suppe mit Ingwer

Für 2 Personen

Zutaten:
300 g Möhren
1 Zwiebel
10 g Ingwer (frisch)
1 TL Rapsöl
1 Orange
500 ml Gemüsebrühe

Zubereitung:

- Möhren und Zwiebel schälen und in Würfel schneiden. Den Ingwer ebenfalls schälen und klein hacken.
- Zwiebel im Öl goldgelb anrösten, den Ingwer und die Möhren hinzugeben und ebenfalls mitrösten.
- Mit der Gemüsebrühe ablöschen und bei kleiner Hitze ca. 10 Minuten köcheln lassen.
- Orangen schälen und eine Hälfte filetieren.
- Die zweite Hälfte auspressen.
- Mit einem Pürierstab die Möhrensuppe pürieren, den Orangensaft hinzugeben und mit etwas Salz und Pfeffer würzen. Die Suppe mit den Orangenfilets als Einlage servieren.

Durchschnittliche Nährwertangaben pro Portion:

kcal	kJ	Eiweiß	Fett	Kohlenhydrate	Ballaststoffe
165	689	5 g	8 g	20 g	6 g

xlim Hauptgericht-Rezepte

Die xlim Hauptgericht-Rezepte bieten Ihnen leicht zuzubereitende, preiswerte, abwechslungsreiche Gerichte für jeden Geschmack. Die unterschiedlichen auf Basis der xlim Hauptgericht-Rezepte zubereiteten Mischkost-Mahlzeiten enthalten alle notwendigen Nährstoffe, aber keinen Zucker. Sie bieten für jeden Geschmack das Richtige und machen nachhaltig satt. Sie liefern Ihnen die Vital-Energie, die Sie benötigen, um den Alltag aktiv genießen zu können.

VEGAN

Hauptgerichte

Vegane Bolognese mit Soja-Schnetzel

Für 2 Personen

Zutaten:

120 g Vollkornspaghetti
150 g Knollensellerie
300 g Möhren
1 Zwiebel
1 EL Olivenöl
75 g Soja-Schnetzel
450 ml Wasser
250 g Tomaten (passiert)
40 g Tomatenmark
½ Bund Basilikum
Salz
Pfeffer
Paprikapulver

Zubereitung:

- Die Soja-Schnetzel in eine Schüssel geben und mit 250 ml kochendem Wasser übergießen, umrühren und beiseite stellen.
- Die Spaghetti nach Packungsanweisung bissfest garen.
- Möhren, Zwiebel und Sellerie schälen und fein würfeln.
- Olivenöl in einer Pfanne erhitzen. Das Gemüse hinzufügen und anbraten. Die Soja-Schnetzel abschütten und ebenfalls in die Pfanne geben.
- Wenn alles gut angebraten ist, Tomatenmark einrühren.
- Die passierten Tomaten und ca. 200 ml Wasser ebenfalls hinzugeben und weiter rühren.
- Die Sauce mit etwas Salz, Pfeffer, Paprikapulver und gehacktem Basilikum abschmecken und mit den Spaghetti servieren.

Durchschnittliche Nährwertangaben pro Portion:

kcal	kJ	Eiweiß	Fett	Kohlenhydrate	Ballaststoffe
508	2133	32 g	9 g	66 g	9 g

VEGETA-RISCH

Hauptgerichte

Gefüllte Aubergine mit Reis

Für 2 Personen

Zutaten:
100 g Reis
300 g Auberginen
200 g Tomaten
1 Zwiebel
1 Knoblauchzehe
150 g Feta, light
½ Bund Petersilie
1 EL Olivenöl
Salz
Pfeffer

Zubereitung:

- Tomaten und Auberginen sorgfältig waschen, dann die Auberginen längs halbieren. Mit Messer und Teelöffel gründlich aushöhlen und mit Olivenöl bepinseln. Auberginenfleisch auffangen.
- Tomaten und Feta würfeln. Zwiebel und Knoblauch schälen und ebenso wie die Petersilie fein hacken und in eine große Schüssel geben.
- Backofen vorheizen (Ober-/Unterhitze 180 - 200°C).
- Auberginenfruchtfleisch klein würfeln und mit in die Schüssel geben, alles gut verrühren. Die Füllung mit etwas Salz, Pfeffer und Olivenöl abschmecken und in die Auberginenhälften geben.
- Auf ein mit Backpapier ausgelegtes Backblech geben und ca. 40 Minuten backen.
- Reis in der Zwischenzeit nach Packungsanweisung zubereiten und dazu servieren.

Durchschnittliche Nährwertangaben pro Portion:

kcal	kJ	Eiweiß	Fett	Kohlenhydrate	Ballaststoffe
433	1815	23 g	16 g	48 g	8 g

VEGETA-RISCH

Hauptgerichte

Tortilla Wraps

Zubereitung:

- Den Kräuterquark mit einem Spritzer Zitronensaft vermengen. Die Milch unterrühren bis der Dip cremig ist.
- Das Gemüse waschen und in mundgerechte Stücke schneiden.
- Die Wraps laut Packungsanweisung erwärmen, mit dem Dip bestreichen und nach Belieben belegen und zusammen rollen.

Für 2 Personen

Zutaten:
3 Tortilla Wraps

Zutaten Dip:
250 g Kräuterquark, fettarm (10 % Fett)
Zitronensaft
30 ml fettarme Milch (1,5 % Fett)

Zutaten Füllung:
300 g Gurke
160 g Tomate
300 g Paprika
60 g Zwiebeln
100 g Eisbergsalat

Durchschnittliche Nährwertangaben pro Portion:

kcal	kJ	Eiweiß	Fett	Kohlenhydrate	Ballaststoffe
489	2054	28 g	8 g	72 g	13 g

VEGETA-RISCH

Hauptgerichte

Tofu-Gemüse-Lasagne

Für 6 Portionen

Zutaten:
1 Packung Lasagneplatten (500 g)
50 g geriebener Parmesan

Zutaten für die Gemüsesauce:
300 g Tofu
60 g Zwiebeln
150 g Paprika
1 Stange Porree (300 g)
4 Stangen Staudensellerie (390 g)
200 g Brokkoli
1 EL Rapsöl
1 Dose Tomaten (400 g)
1-2 Knoblauchzehen
Oregano
Salz
weißer Pfeffer

Zutaten für die Bechamelsauce:
30 g Margarine, halbfett
30 g Mehl
250 ml Milch, fettarm (1,5 % Fett)
Muskatnuss
Salz
weißer Pfeffer

Zubereitung:

- Für die Gemüsesauce Tofu zerdrücken, Zwiebel und Knoblauch schälen und fein würfeln, Paprikaschote halbieren, entkernen, in Streifen schneiden, Porree und Sellerie putzen, waschen, in Ringe schneiden und Brokkoli in Röschen zerteilen und waschen.
- Das Öl im Topf erhitzen, Tofu und Zwiebeln darin andünsten, das vorbereitete Gemüse, die Tomaten mit Flüssigkeit und den Knoblauch hinzugeben, alles bissfest garen und mit etwas Salz, Pfeffer und Oregano abschmecken.
- Für die Bechamelsauce die Margarine im Topf zerlassen, das Mehl dazugeben und andünsten, mit der Milch unter kräftigem Rühren ablöschen und unter Weiterrühren 5 Minuten köcheln lassen, mit etwas Salz, Pfeffer und Muskatnuss würzen.
- Die Lasagneplatten ggf. in reichlich Salzwasser garen und abtropfen lassen (s. Packungsanweisung).
- Backofen vorheizen (Umluft 200°C).
- Eine Lage Lasagneplatten in eine Auflaufform (Maße ca. 30 x 40 cm) schichten, darüber eine Lage Gemüse- und Bechamelsauce, dann wieder einige Blätter Lasagne usw., bis die Form gefüllt ist.
- Den Abschluss bildet die Bechamelsauce, diese mit Parmesan bestreuen und die Lasagne im Backofen etwa 30 Minuten überbacken.

Durchschnittliche Nährwertangaben pro Portion:

kcal	kJ	Eiweiß	Fett	Kohlenhydrate	Ballaststoffe
466	1949	22 g	14 g	61 g	7 g

VEGETA-RISCH

Hauptgerichte

Kohlrabi-Burger

Zubereitung:

- Kohlrabi schälen und in 6 Scheiben schneiden. Eine Seite mit Ajvar bestreichen und mit Käse belegen. Eine zweite Kohlrabischeibe mit Ajvar bestreichen und oben auflegen.
- Ei in einem tiefen Teller verquirlen. In einem weiteren tiefen Teller den Weichweizengrieß mit dem Pizzagewürz vermischen. Mehl auf einem weiteren Teller verteilen.
- Kohlrabi-Burger erst im Mehl, dann im Ei und zuletzt in dem Weichweizengrieß panieren.
- Backofen vorheizen (Umluft 150 °C).
- Öl in einer Pfanne erhitzen und die Burger darin von jeder Seite ca. 3 Minuten anbraten. Im Ofen auf einem mit Backpapier ausgelegtem Backblech für 10 Minuten backen.

Für 2 Personen

Zutaten:

630 g Kohlrabi
2 TL Ajvar
60 g Käse (z.B. Leerdammer 20% Fett i. Tr.)
1 Ei
60 g Weichweizengrieß
½ TL Pizzagewürz
3 EL Mehl
1,5 EL Rapsöl

Durchschnittliche Nährwertangaben pro Portion:

kcal	kJ	Eiweiß	Fett	Kohlenhydrate	Ballaststoffe
445	1867	20 g	18 g	51 g	7 g

Hauptgerichte

Überbackene Hähnchenbrust mit Tomate-Mozzarella und Reis

Für 2 Personen

Zutaten:
250 g Hähnchenbrust
200 g Tomaten
1 EL Rapsöl
60 g Mozzarella light
30 g Tomatenmark
120 g Vollkornreis
Salz
Pfeffer

Zubereitung:

- Das Hähnchenfleisch in einer Pfanne mit dem Öl scharf anbraten.
- Backofen vorheizen (Umluft 200°C).
- Tomaten und Mozzarella in Scheiben schneiden und das Hähnchen in eine Auflaufform geben und würzen.
- Das Hähnchen mit den Tomaten- und Mozzarella-Scheiben belegen und alles für ca. 30 Minuten (je nach Dicke des Hähnchens) backen.
- In der Zwischenzeit den Reis kochen.
- Den Bratensaft mit Tomatenmark verfeinern und zusammen mit dem Reis anrichten.

Durchschnittliche Nährwertangaben pro Portion:

kcal	kJ	Eiweiß	Fett	Kohlenhydrate	Ballaststoffe
465	1960	37 g	12 g	53 g	2 g

VEGETA-RISCH

Hauptgerichte

Spinat-Lasagne

Zubereitung:

- Den Blattspinat in einer Pfanne mit etwas Wasser erhitzen und mit etwas Salz und Pfeffer würzen. Dann die Tomaten und 150 g Frischkäse hinzugeben.
- Backofen vorheizen (Umluft 200° C).
- Die Spinat-Frischkäse-Masse abwechselnd mit den Lasagneplatten in eine kleine Auflaufform schichten und abschließen.
- Den restlichen Frischkäse obendrauf verteilen und 20-25 Minuten backen.

Für 2 Personen

Zutaten:

400 g Tomaten (Dose)
225 g Blattspinat (TK)
3 Lasagneplatten (Vollkorn)
200 g Frischkäse, fettarm (10 % F. i. Tr.)
Salz
Pfeffer

Durchschnittliche Nährwertangaben pro Portion:

kcal	kJ	Eiweiß	Fett	Kohlenhydrate	Ballaststoffe
465	1956	19 g	33 g	23 g	5 g

VEGAN

Hauptgerichte

Vegane Bolognese von roten Linsen

Für 2 Personen

Zutaten:
45 g Zwiebel
1 Knoblauchzehe
75 g Möhren
100 g Staudensellerie
1 TL Olivenöl
10 g Tomatenmark
200 g Tomate aus der Dose
225 ml Gemüsebrühe
60 g rote Linsen
1,5 EL Kräuter TK
1,5 TL Petersilie
180 g Spaghetti
Salz
Pfeffer

Zubereitung:

- Zwiebel und Knoblauch schälen und fein würfeln. Sellerie waschen und in Würfel schneiden. Möhren schälen und grob raspeln.
- Öl in einer beschichteten Pfanne erhitzen und Zwiebel, Knoblauch, Möhren, Sellerie bei mittlerer Temperatur darin anschwitzen. Tomatenmark zufügen und anrösten. Die Tomaten aus der Dose, Gemüsebrühe, Linsen und Kräuter (außer Petersilie) hinzugeben, mit einem Deckel bedecken und leise köcheln lassen bis die Linsen weich gekocht sind.
- Inzwischen Nudeln nach Packungsanweisung bissfest garen.
- Anschließend die Nudeln zusammen mit der Sauce und der Petersilie auf einem Teller garnieren. Bei Bedarf kann die Sauce vorher nochmal püriert werden.

Durchschnittliche Nährwertangaben pro Portion:

kcal	kJ	Eiweiß	Fett	Kohlenhydrate	Ballaststoffe
482	2016	23 g	7 g	82 g	11 g

VEGETA-
RISCH

Hauptgerichte

Rote-Bete-Spaghetti

Zubereitung:

- Nudeln nach Packungsanweisung bissfest garen.
- Inzwischen Rote Bete und Zwiebel schälen und fein würfeln.
- Öl erhitzen und die Zwiebel glasig dünsten. Rote Bete zugeben und mitdünsten. Gemüsebrühe angießen und zum Kochen bringen.
- Mit Essig, etwas Salz und Pfeffer würzen.
- Das Rote Bete Gemüse mit saurer Sahne, Feta und Schnittlauch vermischen und Nudeln unterheben.

Für 2 Personen

Zutaten:
160 g Spaghetti
(bevorzugt Vollkornspaghetti)
60 g Zwiebel
250 g vorgegarte Rote Bete
2 TL Olivenöl
60 ml Gemüsebrühe
50 g Saure Sahne
1 EL Apfelessig
50 g Feta, light
2 EL Schnittlauch
Salz
Pfeffer

Durchschnittliche Nährwertangaben pro Portion:

kcal	kJ	Eiweiß	Fett	Kohlenhydrate	Ballaststoffe
445	1860	18 g	12 g	67 g	4 g

Tipp:
Vorsicht: am besten mit Einmalhandschuhen arbeiten, da die Rote Bete stark abfärbt.

VEGAN

Hauptgerichte

Reis mit Gurken-Tomaten-Gemüse

Für 2 Personen

Zutaten:
35 g Zwiebel
1 EL Olivenöl
300 g Tomate
200 g Gurke
150 g Mais
125 g Langkornreis
Salz
Pfeffer

Zubereitung:

- Reis nach Packungsanweisung zubereiten.
- Die Zwiebel schälen, fein würfeln und in 1 EL Öl anbraten.
- Die Tomaten und die Gurke in kleine Stücke schneiden und zu den Zwiebelwürfeln geben.
- Mais zur Tomaten-Gurken-Mischung geben und mit erwärmen.
- Die Gemüsemischung mit etwas Salz und Pfeffer abschmecken.
- Das Gemüse zusammen mit dem Reis anrichten.

Durchschnittliche Nährwertangaben pro Portion:

kcal	kJ	Eiweiß	Fett	Kohlenhydrate	Ballaststoffe
383	1618	10 g	11 g	62 g	2 g

VEGAN

Hauptgerichte

Farfalle mit Paprikasauce

Zubereitung:

- Zwiebel und Knoblauch schälen und fein würfeln. 2 Liter Salzwasser aufkochen. Paprika abtropfen lassen und halbieren. Öl in einem Topf erhitzen und Zwiebel und Knoblauch darin andünsten.
- Gegrillte Paprika und Tomatenmark hinzugeben und kurz anschwitzen lassen. Tomaten und 80 ml Wasser zugeben und ca. 15 Minuten köcheln lassen (hin und wieder umrühren).
- Nudeln nach Packungsanweisung bissfest garen. Spinat putzen.
- Sauce vom Herd nehmen, würzen und Kochcreme hinzugeben. Mit einem Stabmixer pürieren und warm halten.
- Nudeln abgießen und zurück in den Topf geben. Spinat und Sauce hinzugeben und miteinander vermengen.
- Mit z. B. frischem Basilikum garnieren.

Durchschnittliche Nährwertangaben pro Portion:

kcal	kJ	Eiweiß	Fett	Kohlenhydrate	Ballaststoffe
485	2028	16 g	14 g	74 g	2 g

Für 2 Personen

Zutaten:

35 g Zwiebel
1 Knoblauchzehe
100 g Paprika, gegrillt (aus dem Glas oder selbst zubereitet s. Tipp)
1 EL Olivenöl
1 TL Tomatenmark
200 g stückige Tomaten
200 g Nudeln (z. B. Farfalle)
80 g Spinat, frisch
60 g Soja-Kochcreme light
frische Kräuter (Basilikum, Oregano)
Salz

Tipp:

Paprikaschoten vierteln, mit etwas Öl bepinseln und auf ein Backblech legen. Unter dem Grill oder auf höchster Stufe im Backofen rösten, bis die Haut dunkel wird. Abkühlen lassen und häuten.

VEGETA-RISCH

Hauptgerichte

Brokkoliauflauf

Für 2 Personen

Zutaten:

400 g Brokkoli
300 g Kartoffeln
45 g Mehl
150 ml Milch, fettarm (1,5 % Fett)
250 ml Gemüsebrühe
100 g Käse (30 % F. i. Tr.)
Salz
Pfeffer
Muskatnuss

Zubereitung:

- Brokkoli in Röschen zerteilen, waschen und in Salzwasser etwa 6 Minuten kochen.
- Kartoffeln schälen, vierteln und ebenfalls gar kochen.
- In der Zwischenzeit Gemüsebrühe erwärmen und die Milch hinzugeben.
- Anschließend das Mehl hinzufügen, bis eine sämige Sauce entsteht. Nach Belieben mit etwas Salz, Pfeffer und Muskatnuss abschmecken.
- Käse reiben und entweder direkt in der Sauce verrühren oder vor dem Backen über den Auflauf streuen.
- Backofen vorheizen (Umluft 180° C).
- Kartoffeln in Scheiben schneiden und zusammen mit den gegarten Brokkoliröschen in eine Auflaufform geben. Die Sauce darüber gießen.
- Den Auflauf im Backofen etwa 30 Minuten backen.

Durchschnittliche Nährwertangaben pro Portion:

kcal	kJ	Eiweiß	Fett	Kohlenhydrate	Ballaststoffe
433	1813	31 g	12 g	51 g	10 g

Hauptgerichte

Lachsfilet an Blattspinat

Zubereitung:

- Blattspinat in einen Topf geben und langsam erhitzen.
- Kartoffeln putzen, ins gesalzene Wasser geben und garen.
- Das Öl in einer Pfanne erhitzen und den Lachs kurz von beiden Seiten anbraten. Dann bei kleiner Hitze und mit geschlossenem Deckel weiterbraten. Ab und zu wenden.
- Den Magerquark mit den Gewürzen (Petersilie, Dill, Salz, Pfeffer) abschmecken.
- Den fertig gegarten Spinat mit Muskatnuss und etwas Salz würzen und die Zitrone in Scheiben schneiden. Die Kartoffeln abgießen.
- Der Spinat kann nun mit den Kartoffeln und dem Kräuterdip sowie dem Lachs mit Zitronenscheiben genossen werden.

Für 2 Personen

Zutaten:

320 g Lachsfilets (frisch oder TK)
1 Zitrone
350 g Blattspinat (TK)
350 g Pellkartoffeln / Frühkartoffeln
200 g Magerquark
½ Bund Petersilie
2 TL Dill
1 EL Rapsöl
Salz
Pfeffer
Muskatnuss

Durchschnittliche Nährwertangaben pro Portion:

kcal	kJ	Eiweiß	Fett	Kohlenhydrate	Ballaststoffe
453	1891	52 g	10 g	36 g	11 g

VEGETA-RISCH

Hauptgerichte

Rote Bete-Risotto

Für 2 Personen

Zutaten:
1 Zwiebel
1 Knoblauchzehe
250 g vorgegarte Rote Bete
1 EL Olivenöl
80 g Risottoreis
100 ml Apfelsaft
350 ml Gemüsebrühe, heiß
40 g Parmesan
50 g Rucola
Salz
Pfeffer

Zutaten Rote-Bete-Saft Dressing:
Rote Bete-Saft (aufgefangen)
2 EL Balsamico-Essig, weiß
1 TL Senf
1 TL Olivenöl
Salz
Pfeffer

Zubereitung:

- Zwiebel und Knoblauch schälen und fein würfeln.
- Rote Bete abtropfen lassen und fein würfeln. Die Flüssigkeit dabei auffangen. (Vorsicht: am besten mit Einmalhandschuhen arbeiten, da die Rote Bete stark abfärbt).
- Öl in einem Topf erhitzen. Zwiebel und Knoblauch andünsten. Reis zugeben und unter Rühren ca. 2 Minuten rösten (Reis darf keine Farbe annehmen!).
- Mit 100 ml Apfelsaft ablöschen.
- Nach ca. 1 Minute Rote Bete hinzugeben. Heiße Brühe hinzugeben, so dass der Reis bedeckt ist. Sobald die Flüssigkeit aufgesogen ist, Vorgang wiederholen. Reis unter Rühren offen für 25 Minuten bissfest köcheln.
- Parmesan unterheben und mit etwas Salz und Pfeffer würzen.
- Den aufgefangenen Rote Bete-Saft mit Essig, Senf, Öl, etwas Salz und Pfeffer zu einem Dressing verrühren.
- Rucolasalat mit dem Dressing auf einem flachen Teller geben und darauf das Risotto anrichten.

Durchschnittliche Nährwertangaben pro Portion:

kcal	kJ	Eiweiß	Fett	Kohlenhydrate	Ballaststoffe
486	2042	15 g	25 g	52 g	4 g

VEGAN

Hauptgerichte

Gemüsepfanne „Asiatischer Art“

Für 2 Personen

Zutaten:
100 g Reis
60 g Möhre
100 g Zucchini
200 g Chinakohl
100 g Mungobohnen
1 Knoblauchzehe
50 ml Gemüsebrühe
1 EL Sojaöl
1 EL Sojasauce
8 g Ingwer (gerieben)

Zubereitung:

- Den Reis nach Packungsanweisung garen.
- Inzwischen Möhren schälen und in Scheiben bzw. Streifen schneiden.
- Restliches Gemüse waschen, putzen und in Scheiben bzw. Streifen schneiden. Knoblauch schälen und fein hacken.
- Sojaöl im Wok oder einer großen Pfanne erhitzen, Knoblauch und Ingwer darin anschmoren.
- Dann das Gemüse anbraten und mit Gemüsebrühe ablöschen. Mit Sojasauce abschmecken.
- Reis mit Gemüse anrichten.

Durchschnittliche Nährwertangaben pro Portion:

kcal	kJ	Eiweiß	Fett	Kohlenhydrate	Ballaststoffe
305	1275	9 g	9 g	44 g	5 g

Hauptgerichte

Fischgratin

Für 2 Personen

Zutaten:

100 g Naturreis
250 g Seebarschfilet
250 g Brokkoli
½ Zitrone
100 g Tomaten
1 EL Mehl
100 ml Gemüsebrühe
75 ml Milch, fettarm (1,5 % Fett)
½ EL Senf, mittelscharf
1,5 EL Kräuter
Salz
Pfeffer

Zubereitung:

- Den Reis nach Packungsanweisung bissfest garen und gut abtropfen lassen.
- Brokkoli in kleine Röschen teilen und in etwas Salzwasser ca. 4 Minuten zugedeckt dünsten. Gut abtropfen lassen.
- Fischfilet trocken tupfen, mit Zitronensaft beträufeln und in Stücke schneiden. Tomate fein würfeln.
- Backofen vorheizen (Umluft 180°C).
- Mehl in einem Topf bei mittlerer Hitze goldgelb anrösten. Nach und nach Brühe und Milch hinzugeben und mit dem Schneebesen glatt rühren. Kurz aufkochen lassen und mit etwas Salz und Pfeffer würzen.
- Die Kräuter fein hacken und unter die Sauce rühren.
- Reis, Fischfilet, Brokkoli und Tomatenwürfel in eine kleine Auflaufform schichten und darauf die Sauce verteilen. Auf dem Rost im vorgeheizten Backofen für ca. 15-20 Minuten gratinieren.

Durchschnittliche Nährwertangaben pro Portion:

kcal	kJ	Eiweiß	Fett	Kohlenhydrate	Ballaststoffe
414	1739	35 g	8 g	50 g	5 g

VEGETA-RISCH

Hauptgerichte

Bandnudeln mit Artischocken

Für 2 Personen

Zutaten:
160 g Artischockenherzen, naturell
1 EL Olivenöl
1-2 Knoblauchzehen
1 EL Rapsöl
1 EL Butter, halbfett
160 g Bandnudeln (z. B. Spinatbandnudeln)
2 Stiele Salbeiblätter, abgezupft, je nach Größe halbiert
1 TL Salz für das Salzwasser
2 TL Parmesan, gerieben

Zubereitung:

- 1,5 L Salzwasser aufkochen. Backofen vorheizen (Umluft 220° C).
- Backblech mit Backpapier auslegen
- Artischocken abtropfen lassen und halbieren. Knoblauch schälen und fein hacken. Zusammen mit 1 EL Olivenöl und den Artischocken vermengen und auf dem Backblech verteilen und ca. 10 Minuten rösten.
- Nudeln währenddessen nach Packungsanweisung bissfest garen. 1 EL Öl und 1 EL Butter in einer Pfanne erhitzen und Salbei darin knusprig braten.
- Nudeln abgießen, und zusammen mit den Artischocken zu dem Salbei in die Pfanne geben. Vermengen und servieren.

Tipp:
Verwenden Sie im Frühjahr frische, junge Artischocken!

Durchschnittliche Nährwertangaben pro Portion:

kcal	kJ	Eiweiß	Fett	Kohlenhydrate	Ballaststoffe
469	1961	13 g	21 g	56 g	9 g

Hauptgerichte

Quiche mit Räucherlachs

Ergibt 6 Stücke

Zutaten Teig:
250 g Mehl (Vollkorn)
120 g Diätmargarine
1 Ei
½ TL Salz

Zutaten Belag:
1 Knoblauchzehe*
500 g Porree (Lauch)
1 EL Rapsöl
200 g Räucherlachs
100 g Schmand
3 Eier
Salz, Pfeffer

* Die Knoblauchzehe kann je nach Geschmack auch durch 1 Schalotte ersetzt werden.

Zubereitung:

- Mehl, Margarine, Ei und Salz vermengen und zu einem Teig verarbeiten. Den Teig für ca. 30 Minuten kalt stellen.
- Den Teig auf ein wenig Mehl ausrollen und in eine gefettete Form legen. Den Rand ca. 2 cm hoch andrücken.
- Knoblauch schälen und klein hacken und den Porree in feine Ringe schneiden.
- Backofen vorheizen (Umluft 180° C).
- Knoblauch und Porree in einer Pfanne mit Öl leicht dünsten und anschließend auf dem Quiche-Boden verteilen.
- Lachs in feine Streifen schneiden und ebenfalls auf dem Quiche-Boden verteilen.
- Schmand mit Eiern, Pfeffer und Salz verrühren und auf der Quiche verteilen.
- Die Quiche im vorgeheizten Backofen für ca. 45-50 Minuten backen (nach der Hälfte der Backzeit mit Alufolie abdecken).

Durchschnittliche Nährwertangaben pro Stück:

kcal	kJ	Eiweiß	Fett	Kohlenhydrate	Ballaststoffe
495	2071	20 g	31 g	34 g	2 g

Hauptgerichte

Salat mit Putenbrust und Spargel

Für 2 Personen

Zutaten:

200 g Salat (Feldsalat, Eisbergsalat)
30 g Kresse
200 g Putenbrustfilet
200 g grüner Spargel (frisch)
150 g Kirschtomaten
3 EL Olivenöl
1 EL Limettensaft (frisch gepresst)
1 EL Orangensaft (frisch gepresst)
1 TL Senf, (mittelscharf)
1 TL Honig
Salz
Pfeffer

Zubereitung:

- Salat und Kresse waschen und abtropfen lassen. Den Spargel waschen, Enden abschneiden und in ca. ½ cm dicke Scheiben schneiden. Kirschtomaten waschen und halbieren.
- Putenbrustfilet in Streifen schneiden, salzen, pfeffern und zusammen mit dem Spargel in 1 EL Öl in einer Pfanne braten. Im Ofen bei ca. 80-100° C warm halten.
- Währenddessen Limetten- und Orangensaft mit Senf, etwas Salz und Pfeffer verrühren. 2 EL Öl nach und nach darunter schlagen und das Dressing mit Honig abschmecken.
- Salat, Kresse und Kirschtomaten mit dem Dressing vermischen und auf Teller verteilen. Putenstreifen und Spargel darauf anrichten.

Durchschnittliche Nährwertangaben pro Portion:

kcal	kJ	Eiweiß	Fett	Kohlenhydrate	Ballaststoffe
377	1576	28 g	25 g	10 g	5 g

Hauptgerichte

Thai Curry mit Putenbrust und Reis

Für 2 Personen

Zutaten:
300 g Putenbrust
2 TL Olivenöl
200 ml Kokosmilch
400 g Gemüsemischung (TK)
80 g Wildreis
Currypaste
Pfeffer
Salz

Tipp:
Currypaste gibt es in verschiedenen Variationen.
Panaeng Currypaste - mild
Gelbe Currypaste - mittelscharf
Rote Currypaste - scharf
Grüne Currypaste - sehr scharf

Zubereitung:

- Gemüsemischung gar kochen.
- Putenbrust zusammen mit dem Öl in der Pfanne durchbraten.
- Anschließend das Fleisch aus der Pfanne nehmen und warm halten.
- Kokosmilch zusammen mit dem Bratensaft in der Pfanne erhitzen und kurz aufkochen, nach Belieben Currypaste (s. Tipp) hinzugeben und würzen.
- Das Gemüse zusammen mit der Putenbrust auf einem Teller anrichten.
- Anschließend die Sauce über das Gemüse und das Fleisch geben.

Durchschnittliche Nährwertangaben pro Portion:

kcal	kJ	Eiweiß	Fett	Kohlenhydrate	Ballaststoffe
490	2046	51 g	9 g	50 g	16 g

Hauptgerichte

Spiegelei mit Schinken & Gemüse

Zubereitung:

- Kartoffeln schälen, klein schneiden und gar kochen.
- Den Blumenkohl in Röschen teilen und ebenfalls gar kochen.
- Den Schinken aufrollen und zusammen mit den Kartoffeln und dem Blumenkohl auf einem Teller anrichten.
- Die beiden Eier in einer Pfanne aufschlagen kurz anbraten und ebenfalls zusammen auf dem Teller servieren. Nach Belieben würzen.

Für 2 Personen

Zutaten:
170 g Kochschinken
300 g Kartoffeln
350 g Blumenkohl
2 Eier
Salz
Pfeffer
Muskatnuss

Durchschnittliche Nährwertangaben pro Portion:

kcal	kJ	Eiweiß	Fett	Kohlenhydrate	Ballaststoffe
334	1400	33 g	9 g	28 g	7 g

Hauptgerichte

Spaghetti Bolognese

Zubereitung:

- Zwiebel schälen, klein hacken und mit dem Olivenöl in einer Pfanne glasig anbraten.
- Hackfleisch hinzufügen und gut durchbraten.
- Mit einem Schuss Wasser ablöschen, die Tomatenstücke und die Kräuter hinzugeben und alles noch einmal aufkochen.
- Vollkornspaghetti nach Packungsanweisung bissfest garen.
- Den Knoblauch schälen, klein hacken und zusammen mit dem Essig in einem Topf erhitzen.
- Spinat ebenfalls in den Topf geben und erhitzen.
- Spaghetti, Bolognesesauce und Spinat zusammen auf einem Teller anrichten.

Für 2 Personen

Zutaten:

120 g Vollkornspaghetti
1 Zwiebel
1 Knoblauchzehe
200 g Rinderhackfleisch
400 g Tomaten (stückig)
½ EL Balsamicoessig
100 g Blattspinat (TK)
1 EL Olivenöl
15 g italienische Kräuter (TK)

Durchschnittliche Nährwertangaben pro Portion:

kcal	kJ	Eiweiß	Fett	Kohlenhydrate	Ballaststoffe
526	2210	32 g	19 g	54 g	1 g

Hauptgerichte

Lachs-Spaghetti

Für 2 Personen

Zutaten:

160 g Vollkornspaghetti
120 g Räucherlachs
70 g Frischkäse, fettarm (10 % F. i. Tr.)
100 ml Gemüsebrühe
50 g Rucola
1 EL Mehl
Salz
Pfeffer

Zubereitung:

- Spaghetti nach Packungsanweisung bissfest garen.
- Den Räucherlachs in Streifen schneiden.
- Frischkäse mit Gemüsebrühe unter Rühren zum Kochen bringen. Mehl hinzufügen, kurz aufkochen lassen und von der Kochstelle nehmen. Den Räucherlachs dazugeben.
- Spaghetti abgießen, mit Sauce und Rucola vermengen.

Durchschnittliche Nährwertangaben pro Portion:

kcal	kJ	Eiweiß	Fett	Kohlenhydrate	Ballaststoffe
489	2063	34 g	11 g	62 g	< 1 g

Hauptgerichte

Gebratenes Rotbarschfilet mit Gemüse und Salzkartoffeln

Für 2 Personen

Zutaten:

1 Bund Suppengemüse
(80 g Sellerie, 100 g Porree,
200 g Möhren)
1 Zwiebel
1 Knoblauchzehe
250 ml Gemüsebrühe
350 g Rotbarschfilet
300 g Kartoffeln
30 g Tomatenmark
1 EL Rapsöl
Zitronensaft
Salz
Pfeffer

Zubereitung:

- Kartoffeln in Salzwasser garen.
- Knoblauch und Zwiebel schälen und klein hacken.
- Suppengemüse waschen und ebenfalls in Stücke schneiden.
- Das Öl zusammen mit dem Knoblauch und der Zwiebel in einem Topf erhitzen.
- Das Gemüse hinzugeben und alles einige Minuten braten.
- Anschließend Wasser, Gemüsebrühe und Tomatenmark hinzufügen. Alles für einige Minuten köcheln lassen.
- Den Fisch mit Öl in einer Pfanne gut durchbraten und mit etwas Salz, Pfeffer und Zitrone würzen.

Durchschnittliche Nährwertangaben pro Portion:

kcal	kJ	Eiweiß	Fett	Kohlenhydrate	Ballaststoffe
461	1925	39 g	17 g	37 g	8 g

Hauptgerichte

Pikantes Putenschnitzel auf Griechische Art

Für 2 Personen

Zutaten:
120 g Reis
400 g Putenbrust
80 g Feta, light
6 Oliven
150 g Paprika
200 g Tomaten (passiert)
2 EL Olivenöl
2 TL Oregano
Pfeffer
Salz

Zubereitung:

- Den Reis nach Packungsanweisung bissfest garen und gut abtropfen lassen.
- Die Oliven entkernen und halbieren. Den Feta in circa 1cm große Würfel schneiden, die Paprikaschote ebenfalls in mundgerechte Stücke schneiden.
- Das Putenfleisch waschen, abtupfen und mit dem Fleischhammer flach klopfen.
- Das Öl in der Pfanne erhitzen und das Putenschnitzel beidseitig 2 Minuten anbraten.
- Ein ausreichend großes Stück Alufolie auf einem Backblech ausbreiten und das Schnitzel darauf legen. Den Bratrückstand in der Pfanne aufbewahren.
- Die passierten Tomaten in den Bratrückstand rühren und bei Bedarf mit 3-4 EL Wasser aufgießen. Darauf achten, dass die Sauce nicht zu dünn wird. Mit Pfeffer und Oregano würzen.
- Backofen vorheizen (Oberhitze 200° C).
- Das Schnitzel mit den Fetawürfeln, Paprikastücken und den Olivenhälften belegen, die Alufolie seitlich etwas Hochklappen und im Backofen bei Oberhitze oder Grillstufe etwa 6 Minuten überbacken.
- Das Putenschnitzel aus dem Backofen nehmen und auf dem Teller anrichten.
- Den beim Backen evtl. ausgetretenen Saft zu der Tomatensauce geben, diese noch einmal erwärmen, gut durchrühren und über das Schnitzel gießen.

Durchschnittliche Nährwertangaben pro Portion:

kcal	kJ	Eiweiß	Fett	Kohlenhydrate	Ballaststoffe
325	1361	29 g	10 g	29 g	2 g

Hauptgerichte

Salat à la casa

Für 2 Personen

Zutaten:

200 g Putenbrust
75 g Feldsalat
1 Ei
1 Zwiebel
125 g Cocktailtomaten
200 g Gurke
50 g Mozzarella, light
3 EL Olivenöl
1 EL Balsamico-Essig (weiß)
2 EL Petersilie
Salz
Pfeffer

Zubereitung:

- Das Putenfleisch in Streifen schneiden mit etwas Salz und Pfeffer würzen und in einer Pfanne in 1 EL Öl anbraten.
- Das Ei hart kochen, pellen und in Scheiben schneiden.
- Den Salat waschen. Die Zwiebel schälen und fein würfeln. Den Mozzarella ebenso fein würfeln.
- Die Cocktailtomaten halbieren, die Gurke in mundgerechte Stücke schneiden.
- Den Salat in eine Schüssel geben, Tomate, Gurken und Zwiebel untermengen. Das Putenfleisch zusammen mit dem Ei und dem Mozzarella hinzufügen.
- In einem separaten Gefäß Essig, Öl, etwas Salz, Pfeffer und Petersilie miteinander verquirlen und erst kurz vor dem Verzehr über den Salat geben.

Durchschnittliche Nährwertangaben pro Portion:

kcal	kJ	Eiweiß	Fett	Kohlenhydrate	Ballaststoffe
417	1741	32 g	29 g	8 g	3 g

Hauptgerichte

Salat mit Steakstreifen

Zubereitung:

- Salat, Kirschtomaten und Paprika waschen. Champignons putzen sowie von den Stängeln entfernen und alles in Stücke schneiden.
- Knoblauch und Zwiebel schälen und fein hacken.
- Für das Dressing: Essig, 1 EL Öl, Wasser, Senf, Knoblauch und Zitronensaft miteinander verrühren und mit etwas Salz und Pfeffer würzen. Nach Belieben mit Kräutern würzen.
- Rindfleisch in Streifen schneiden. 1 EL Öl in einer Pfanne erhitzen und darin die Rindfleischstreifen anbraten.
- Fleisch aus der Pfanne nehmen und die Pilze mit den Zwiebeln anbraten.
- Anschließend das Dressing zum Salat geben und zusammen mit dem Rindfleisch auf einem Teller servieren.

Für 2 Personen

Zutaten:

200 g Salat (Rucola, Feldsalat)
100 g Zwiebel
250 g Champignons
150 g Paprika
250 g Kirschtomaten
1 Knoblauchzehe
3 EL Essig
5 EL Wasser
½ EL Senf
1 Spritzer Zitronensaft
2 EL Rapsöl
250 g mageres Rindfleisch
Salz
Pfeffer
nach Belieben Kräuter

Durchschnittliche Nährwertangaben pro Portion:

kcal	kJ	Eiweiß	Fett	Kohlenhydrate	Ballaststoffe
378	1583	37 g	21 g	12 g	7 g

VEGETARISCH

Hauptgerichte

Rührei mit Zucchini und Käse

Für 2 Personen

Zutaten:
4 Eier
150 g Zucchini
150 g Champignons
1 ½ EL Olivenöl
50 g Käse (30 % F. i. Tr.)
Oregano
Pfeffer

Zubereitung:

- Zucchini und Champignons in feine Scheiben schneiden. Eier verquirlen.
- 1 EL Olivenöl in einer Pfanne erhitzen, die Eimasse dazugießen und unter Rühren stocken lassen.
- Den Käse reiben und darüber streuen, gut einschmelzen lassen und mit Pfeffer würzen.
- Die Zucchini- und Champignonscheiben in einer Pfanne mit ½ EL Olivenöl scharf anbraten, mit Oregano würzen.
- Das Rührei auf einen Teller anrichten und mit den gerösteten Gemüsescheiben belegen.

Durchschnittliche Nährwertangaben pro Portion:

kcal	kJ	Eiweiß	Fett	Kohlenhydrate	Ballaststoffe
349	1460	24 g	27 g	3 g	2 g

Hauptgerichte

Rucola mit Entenbrust

Für 2 Personen

Zutaten:

200 g Entenbrust ohne Haut
1 Knoblauchzehe
2 EL Olivenöl
½ TL Cayennepfeffer
100 g Rucola
½ Granatapfel
30 g Naturjoghurt, fettarm (1,5 % Fett)
2 TL Kräuter (TK)
Salz
Pfeffer

Zubereitung:

- Knoblauch schälen und fein hacken und mit 2 EL Olivenöl und Cayennepfeffer verrühren und damit die Entenbrüste marinieren. Diese dann im Kühlschrank aufbewahren.
- Den Rucola waschen und trocknen, bei Bedarf dickere Stiele entfernen.
- Die Kerne des Granatapfels lösen und auffangen.
- Die Entenbrust ca. 6 Minuten braten, wenden und bei mittlerer Hitze nochmals 8 Minuten braten. Herausnehmen und abkühlen lassen.
- 2 EL Joghurt mit 1 EL Öl, Kräutern und etwas Salz und Pfeffer vermengen.
- Den Rucola in eine Schale geben und mit dem Dressing vermengen.
- Die Entenbrüste in dünne Streifen schneiden und mit dem Rucola anrichten. Die Granatapfelkerne darauf verteilen.

Durchschnittliche Nährwertangaben pro Portion:

kcal	kJ	Eiweiß	Fett	Kohlenhydrate	Ballaststoffe
309	1291	22 g	21 g	9 g	2 g

Hauptgerichte

Folienforelle mit Spinat

Zubereitung:

- Backofen vorheizen (Umluft 180° C).
- Den Knoblauch schälen und fein hacken.
- Die Forelle auf ein ausreichend großes Stück Alufolie legen. Knoblauch, Thymian, Rosmarin, etwas Salz und Pfeffer von beiden Seiten über den Fisch streuen und die Folie locker darüber zusammenfalten.
- Auf ein Backblech legen und im Backofen für etwa 20 Minuten garen.
- In der Zwischenzeit den Spinat in einem Topf erhitzen, 200 ml Wasser dazugeben und die saure Sahne unterrühren. Mit Muskatnuss und Pfeffer würzen. Zugedeckt warm stellen. Das Wasser sollte vollständig verkocht sein.
- Das Fischpäckchen nach der Garzeit vorsichtig öffnen, damit der Dampf entströmen kann.
- Die Forelle auf einen Teller legen und mit der Spinatsauce übergießen.

Für 2 Personen

Zutaten:

400 g Forelle
2 Knoblauchzehen
1 EL Thymian
1 EL Rosmarin
100 g Saure Sahne
250 g Spinat
200 ml Wasser
Salz
Pfeffer
Muskatnuss

Tipp: Dazu passt ein Püree (s. S. 58-61)

Durchschnittliche Nährwertangaben pro Portion:

kcal	kJ	Eiweiß	Fett	Kohlenhydrate	Ballaststoffe
299	1246	46 g	12 g	4 g	3 g

Hauptgerichte

Putenröllchen

Für 2 Personen

Zutaten:
250 g Kartoffeln
400 g Putenschnitzel
100 g Zucchini
40 g Kochschinken
60 g Mozzarella, light
1 EL Tomatenmark
150 ml Gemüsebrühe
Salz
Pfeffer
Speisestärke, mit wenig kaltem Wasser anrühren

Zubereitung:

- Die Putenschnitzel flach klopfen, mit Pfeffer und etwas Salz würzen und die Zucchini längs in dünne Scheiben schneiden.
- Die Schnitzel mit Zucchini, Kochschinken und Mozzarella belegen, aufrollen und feststecken. Von allen Seiten anbraten und in eine Auflaufform geben.
- Backofen vorheizen (Umluft 150° C).
- Den Bratenfond mit der Gemüsebrühe und dem Tomatenmark mischen, würzen, mit Speisestärke binden und über die Röllchen geben.
- Ca. 30 - 40 Minuten im Ofen garen. Nach der Hälfte der Zeit die Röllchen wenden.
- Währenddessen die Kartoffeln kochen. Anschließend alles gemeinsam anrichten.

Durchschnittliche Nährwertangaben pro Portion:

kcal	kJ	Eiweiß	Fett	Kohlenhydrate	Ballaststoffe
446	1868	61 g	12 g	23 g	3 g

VEGAN

Hauptgerichte

Gefüllte Paprika

Für 2 Personen

Zutaten:
2 Paprika (ca. 300 g)
1 Tomate
1 Zwiebel
2 EL Rapsöl
125 g Vollkornreis
500 ml Gemüsebrühe
30 g Tomatenmark
40 g klein gehacktes Suppengrün (TK)
Paprikapulver
Salz

Zubereitung:

- Paprikaschoten waschen und jeweils das obere Viertel abschneiden.
- Die Schoten vom Kerngehäuse befreien.
- Die Zwiebel schälen, fein würfeln und in 1 EL Öl andünsten.
- Die Tomate in kleine Stücke schneiden und zu den Zwiebelwürfeln geben.
- Das Paprikapulver, etwas Salz und Tomatenmark dazugeben und weiter dünsten.
- Den Reis dazugeben und mit ¾ der Gemüsebrühe aufgießen, aufkochen und bei mäßiger Hitze etwa 15 Minuten ziehen lassen.
- Backofen vorheizen (Umluft 220° C).
- Die Tomatenstücke mit dem restlichen Öl unter den Reis heben. Die Paprikaschoten mit der Reismasse füllen, Paprikadeckel wieder drauf setzen und in eine große Auflaufform setzen.
- Die restliche Brühe angießen und das Suppengrün dazugeben.
- Die Paprikaschoten im vorgeheizten Backofen ca. 20 Minuten backen.

Durchschnittliche Nährwertangaben pro Portion:

kcal	kJ	Eiweiß	Fett	Kohlenhydrate	Ballaststoffe
486	2034	10 g	23 g	63 g	5 g

xlim Ernährungs-Beratung

Die vom xlim Ernährungs-Beratungs-Team bisher durchgeführten über 20.000 individuellen xlim Ernährungs-Beratungen im Rahmen von inzwischen weit über 2.000 xlim Apotheken-Aktionstagen in den über 1.000 xlim Aktions-Apotheken haben gezeigt, wie groß das Bedürfnis nach persönlicher Ernährungs-Beratung in deutschen Apotheken ist.

Um die bisher mit dem selbstbestimmten xlim Gewichtsmanagement-Programm mit Zuckerbremse gemachten Erfahrungen einem größeren Apotheken-Kundenkreis zugänglich zu machen, haben wir die praktischen Erfahrungen des xlim Ernährungs-Beratungs-Teams in die zweite Auflage des „Ersten xlim Kochbuchs" und in das „Erste xlim Shakebuch" aufgenommen.

Alle Apotheken-Kunden, die an einer individuellen xlim Ernährungs-Beratung interessiert sind, können auf der xlim Homepage www.xlim.de nachschauen, wann der nächste xlim Apotheken-Aktionstag in einer xlim Aktions-Apotheke in ihrer Nähe stattfindet. Zusätzlich können Sie über die xlim Ernährungs-Beratungs-Hotline 0800-30 33 400 einen Termin für eine individuelle xlim Ernährungs-Beratung per Telefon erhalten. Eine unserer xlim Ernährungs-Beraterinnen wird Sie dann zurückrufen.

Über service@biomo-vital.de können Sie sich ebenfalls an uns wenden, wenn Sie spezielle Fragen zum selbstbestimmten xlim Gewichtsmanagement-Programm mit Zuckerbremse, zu den xlim Ernährungs-Prinzipien, den xlim Tipps und Tricks, den xlim Rezepten oder zur gesunden Ernährung im Allgemeinen haben.

xlim®
... bringt in Form!

Rezept- & Zutatenverzeichnis

G

H

I

K

L

M

Die Autoren

Sabrina Richartz (Rezeptentwicklung, Nährwertberechnung), Diplom-Oecotrophologin, ist seit einigen Jahren Leiterin der ernährungswissenschaftlichen Abteilung der biomo pharma in Hennef. Schon während ihres Studiums an der Universität Bonn beschäftigte sie sich intensiv mit dem positiven Einfluss einer ausgewogenen Ernährung auf die Gesundheit. Im Rahmen von regelmäßigen individuellen Ernährungsberatungen bei Aktionstagen in Apotheken sammelte sie wichtige praktische Erkenntnisse und erstellte in Zusammenarbeit mit dem xlim Ernährungs-Team die xlim Rezepte.

Dr. Karl-Georg Mothes beschäftigt sich seit über 40 Jahren als Naturforscher mit Natur-Medizin und Ernährungswissenschaften. Er gründete und leitete Pharmaunternehmen, die auf Natur-Medizin spezialisiert sind und entwickelte Nährstoff-Programme zur begleitenden Behandlung von Zivilisationsleiden. So entstand in Zusammenarbeit mit Ernährungsforschern und Medizinern im Rahmen eines wissenschaftlichen Projektes ein selbstbestimmtes Gewichtsmanagement-Programm mit Zuckerbremse für ein dauerhaft gesundes Körpergewicht. In diesem neuen selbstbestimmten Gewichtsmanagement-Programm mit Zuckerbremse sieht er jetzt die große Chance, das Risiko durch Zucker und Übergewicht erfolgreich abbauen zu können.

Wichtiger Hinweis

Jede Wissenschaft unterliegt einem ständigen Wandel der Erkenntnisse. Bei den in diesem Buch gegebenen Ratschlägen und Empfehlungen kann der Leser sich darauf verlassen, dass Autoren, Herausgeber und Verlag größte Sorgfalt darauf gelegt haben, dass die Angaben dem aktuellen Wissensstand entsprechen. Jedoch kann eine Garantie nicht übernommen werden. Die Haftung der Autoren, des Verlages oder seiner Beauftragten für Personen-, Sach- oder Vermögensschäden ist ausgeschlossen.

Geschützte Warennamen (Warenzeichen) werden nicht besonders kenntlich gemacht. Das Fehlen eines Hinweises heißt nicht, dass es sich um einen freien Warennamen handelt.

Bildnachweis

Copyright @ Fotolia
U3, U7, 31 lidante, **U5, 131** diego cervo, **U6** karandaev, **U6, U7** unpict, **U6** Corinna Gissemann, **U6** Michael Tewes, **U7, 17** Eisenhans, **U7, 17** fox17 , **U7, 17** Gina Sanders, **U7, 17, 35, 75** Thomas Francois, **9** Robert Kneschke, **21** Monkey Busines, **24** apops, **32** Tim UR, **32, 60, 118** Barbara Pheby, **34** strauscher, **35** mates, **35, 62, 101, 127** Natika, **35** Sea Wave, **37** -Marcus-, **38** Rob Stark, **39** BVDC, **40** PhotoSG, **41, 61** Yevgeniya Shal, **42** silencefoto, **44** Quade, **45, 125, 127** Dionisvera, **45, 78, 117** HLPhoto, **46** cirquedesprit, **47** Hetizia, **49** WS-Design, **51** Floydine, **52** Daorson, **54** Kitty, **56** archikatia, **63, 71** A_Lein, **65** Jacek Chabraszewski, **66** Firma V, **72** photocrew, **77** HandmadePictures, **83** Distrikt3, **85, 86** imaGo Martin R., **87** alex, **88, 107, 128** valery121283, **93** sarsmis, **100** alain wacquier, **102** charlottelake, **103** ram69, **104** KonstantinPetkov, **107** rangizzz, **109** marylooo, **110** manyakotic, **113** Sunny Forest, **114** JJAVA, **115** Maksim Shebeko, **118** Angel Simon , **121** UJac, **124** Comugnero Silvana, **126** st-fotograf, **129** Liudmila Travina.

xlim Kunden-Kooperation

Liebe Leserin, lieber Leser,

die positiven Erfahrungen von schon über 100.000 xlim Apotheken-Kunden in wenigen Monaten sprechen dafür, dass das selbstbestimmte xlim Gewichtsmanagement-Programm mit Zuckerbremse bei xlim Apotheken-Kunden ankommt.

Die vielen positiven Erfahrungen, von denen uns überzeugte xlim Apotheken-Kunden im Rahmen der xlim Apotheken-Aktionstage in den xlim Aktions-Apotheken mit Begeisterung berichten, sind die beste Motivation, die von uns eingeführte arbeitsintensive, individuelle xlim Ernährungs-Beratung in den xlim Aktions-Apotheken weiter auszuweiten.

Durch Ihre konstruktive Kritik und Ihr selektives Lob helfen Sie uns aktiv bei der weiteren Optimierung des xlim Produkt-Programms und der xlim Ernährungs-Beratung. Mit Ihren praktischen Erfahrungen, Ihren Vorschlägen und Ihrer aktiven Unterstützung versetzen Sie uns erst in die Lage uns noch zu verbessern und jedem die optimale Lösung für seine Gewichts- und Ernährungs-Probleme anbieten zu können.

Durch Ihre Erfahrungen und Kommentare tragen Sie dazu bei, dass vielen Menschen auf gesunde Art und Weise und ohne Verzicht auf Genuss geholfen werden kann, ihren Körper nach ihren eigenen Vorstellungen zu gestalten, sich gesünder zu ernähren und ihr Leben wieder aktiv genießen zu können.

Bitte schreiben, mailen oder rufen Sie uns an, Ihre Meinungen und praktischen Erfahrungen mit dem selbstbestimmten xlim Gewichtsmanagement-Programm mit Zuckerbremse sind für uns sehr wichtig, damit wir noch besser auf Ihre individuellen Wünsche eingehen können.

Ihr xlim Ernährungs-Beratungs-Team

biomo-vital® GmbH
Josef-Dietzgen-Str. 3 - D-53773 Hennef - Tel.: +49(0)2242-8740 481 - Fax: 0800 - 30 33 500
service@biomo-vital.de - www.xlim.de

Das erste xlim Shakebuch

Im „Ersten xlim Shakebuch" finden Sie über 60 abwechslungsreiche Rezepte für xlim Aktiv Mahlzeit Shakes unterschiedlicher Geschmacksrichtungen für jede Jahreszeit und jeden Anlass zusammengestellt und getestet vom xlim Ernährungs-Beratungs-Team. Dabei wurde großer Wert darauf gelegt, dass die verwendeten Zutaten überall zu günstigen Preisen erhältlich sind und die variantenreichen xlim Aktiv Mahlzeit Shakes einfach und wenig zeitaufwendig zubereitet werden können.

Die leckeren xlim Aktiv Mahlzeit Shakes helfen Ihnen zusammen mit den bewährten xlim Ernährungs-Prinzipien und den xlim Tipps und Tricks sich gesund und ohne Verzicht auf Genuss in Form zu bringen bzw. schlank und attraktiv zu bleiben. Darüber hinaus unterstützen die vielen in den xlim Aktiv Mahlzeit Shakes enthaltenen essentiellen Vitalstoffe zusätzlich Ihre körperliche und geistige Fitness.

Wenn Sie gerne ohne Verzicht auf angenehme Weise abnehmen wollen, finden Sie in diesem Buch viele abwechslungsreiche Rezepte für leckere xlim Aktiv Mahlzeit Shakes zusammen mit einem Verzehr-Programm mit dem Sie sich nach Ihren eigenen Vorstellungen in Form bringen und Ihr Leben wieder aktiv genießen können.

Das erste xlim Shakebuch erhalten Sie unter der ISBN Nr. 978-3-9817265-1-0 in Ihrer Buchhandlung oder im Internetbuchhandel.

Layout & Satz: biomo-vital GmbH
Druck: Franz-Druck, Windeck
Dieses Buch wurde auf chlorfrei gebleichtem Bilderdruckpapier (150 g/qm) gedruckt.
2. Auflage 03/2015
Printed in Germany
ISBN: 978-3-9817265-0-3